岩 波 文 庫

33-119-1

キリスト信徒のなぐさめ

内 村 鑑 三 著

岩 波 書 店

一九二三(大正一二)年の著者
(『基督信徒のなぐさめ』発行満三十年紀念版より)

明治二十四年四月十九日いわゆる『第一高等中学校不敬事件』ののちに、余のためにその生命を捨《すて》し余の先愛《せんあい》内村加寿子に謹《つつし》んでこの著を献ず、願くは彼女の霊天《れいてん》に在りて主と偕《とも》に安かれ。

鑑三

自序

心に慰めを要する苦痛あるなく、身に艱難の迫るなく、平易安逸に世を渡る人にして、神聖なる心霊上の記事を見るも、唯《ただ》人物批評又《また》は文字解剖の材料を探るにとどまるものは、些少の利益をもこの書より得ることなかるべし。

しかれども信仰と人情とに於《お》ける兄弟姉妹にして、記者と共に心霊の奥殿に於て霊なる神と交わり、悲哀に沈む人霊と同情推察の交換を為《な》さんと欲するものは、この書より多少の利益を得ることならんと信ず。

この書は著者の自伝にあらず。著者は苦しめるキリスト信徒を代表し、身を不幸の極点に置き、キリスト教の原理を以《もっ》て自ら慰めんことを力《つと》めたるなり。

書中引用せる欧文は、必要と認むるものにして原意を害わずして翻訳し得るものは、著者の意訳を附したり。しかれども訳し得ざるもの、又は訳するの必要なきものは、その儘《まま》に存し置けり。故に欧文を解し得ざる人と雖《いえど》も、この書を読むに於《おい》て少しも不利益を感ぜざることと信ず。

明治二十六年一月二十八日

*摂津中津川の辺に於て

内村鑑三

第二版に附する自序

この書世に生れ出てより五ケ月今や第二版を請求せらるるに至れり未だ需要の多からざる純粋キリスト教書籍にしてここに至りしは満足なる結果と称して可ならむ

第二版は初版と異なるところはなはだ少し、誤植を訂正し引用欧文の訳解を増補せしのみ

著者の拠る所は人性深底の経験なり、ゆえに教派的の嫌悪文字的の貶評は彼の辞せざるところなりもしこの「狷介奇僻」の著にしてなお同胞を慰むるの具たるを得ば著者は感謝して止まざるなり。

明治二十六年七月十八日

鉄拐山の麓に於て

内村鑑三

改版に附する序

この書初めて成るや余は勿論《もちろん》先《ま》ず第一にこれを余の父に送れり(彼は今は主に在りて雑司ケ谷の墓地に眠る)。彼れ一読して涙を流して余に告げて曰《いわ》く、この書成りて今や汝は死すとも可なり、後世、或《あるい》は汝の精神を知る者あらんと。余は又その一本を余の旧友M*・C・ハリス氏に贈りたり(彼は今や美以《メソヂスト》教会の監督として朝鮮国に在り)。彼れ一読して余に書送して曰く、この書蓋《けだ》しペンが君の手より落ちて後にまで存せんと。かくて余の父と友とに祝福せられて世に出しこの小著は彼等の予期に違わず、版を磨滅すること二回に及びて、更《さら》に又茲《ここ》に改版を見るに至れり。その文の拙なる、その想の粗なる、取るに足らざる書なりと雖《いえど》も、しかもその発刊以来十八年後の今日猶《な》お需要の絶えざるを見て、余は暫時的ならざる小著を世に供せしの特権に与《あずか》りしを深く神に感謝せざるを得ず。願う、余の慈父と師友との祈禱空しからずして、この著の更に世の憂苦を除き去るの一助として存せんことを。

一九一〇年六月二十三日

東京市外柏木に於て

内村鑑三

回顧三十年

この書今年を以て発行満三十年に達す。大なる光栄である。感謝に堪えない。

今より三十年前に日本に於《おい》て日本人のキリスト教文学なる者はなかったと思う。もしあったとすれば、それは欧米キリスト教文学の翻訳であった。日本人自身がキリスト教の事に就《つい》て独創の意見を述べんと欲するが如《ごと》き、僭越の行為である乎《か》の如くに思われ、敢《あえ》てこの事を為《な》す者はなかった。丁度その頃の事であった、米国の学校に於て余と同級生たりし米国人某氏が余を京都の寓居に訪うた。彼は余に問うて曰《い》うた「君は今何を為しつつある乎」と。余は彼に答えて曰うた「著述に従事しつつある」と。彼は更に問うて曰うた「何を翻訳しつつある乎」と。余は答えて曰うた「余は自分の思想を著わしつつある」と。この答に対して彼は「本当に《インディード》！」というより他に辞《ことば》がなかった。誠に当時の米国人（今も猶《なお》しかり）の日本のキリスト信者に対する態度は大抵《たいてい》如斯《かくのごと》きものであった。そして如斯き時に方《あたっ》て、欧米の教師に依らずして、直《ただち》に日本人自身の信仰的実験又《また》は思想を述べんと欲するが如きは大胆極まる企図《くわだて》であった。しかるに余は神の佑助《たすけ》に由《よ》り恐る恐るこの事を行《や》って見た。殊に何よりも文学を嫌いし余のことであれば、美文として何の取るべき所なきは勿論《もちろん》であった。余はただ心の中に燃《もゆ》る思念《おもい》に強いられ止むを得ず筆を執ったのである。

この書初めて出て第一にこれを歓迎して呉《く》れた者は当時の『護教』*記者故山路愛山君*であった。君は感興の余り鉄道馬車の内に在りてこれを通読したりと云う。しかしその他にキリスト教界の名士又は文士にしてこれを歓迎して呉れた者はなかった。或いは「困難《こんなん》の問屋《といや》である」と云いて冷笑する者もあり、或《あるい》は「国人に捨《すて》られし時」などと唱えて自分を国家的人物に擬するは片腹痛《かたはらいた》しと嘲ける者もあった。しかし余は教会と教職とに問わずして直《ただち》に人の霊魂に訴えた。しかして数万の霊魂は余の霊魂の叫《さけび》に応《こた》えて呉れた。余の執筆の業はこの小著述を以て始った。余はこの著を以《もっ》て独りキリスト教文壇に登った。しかして教会並《ならび》に教職の同情援助は余の身に伴《ともな》わざりしと雖《いえど》も、神の恩恵と平信徒の同情との余に加わりしが故に、余は今日に至るを得たのである。教会の援助同情の信仰的事業の成功に何らの必要なき事はこの一事を以ても知らるるのである。神は日本人を以て日本国を救い給うと信ずる。神は日本に日本特有のキリスト教文学を起し給いし事を感謝する。この書小なりと雖も、外国宣教師の手を離れ、教会の力を藉《から》ずして、直に神に聴《きき》つつその御言を伝うる卒先者の一たりし事を以て光栄とする。余はまた茲《ここ》にエベネゼル(助けの石)を立て、サムエルと共にこれに記《しる》して曰う「エホバ茲《ここ》まで我を助け給えり」と。(撒母耳《サムエル》前書七章十二節)。

大正十二年(一九二三年)二月七日

*東京市外柏木に於《おい》て

内村鑑三

目次

キリスト信徒のなぐさめ

第一章　愛する者の失《う》せし時

我は死に就《つい》ては生理学より学べり。これを詩人の哀歌に読めり。これを伝記者の記録に見たり。時には死体を動物学実験室に解剖し、生死の理由を研究せり。時には死と死後の有様に就て、高壇より公衆に向《むかっ》て余の思想を演《の》べたり。人の死するを聞くや、或《あるい》は聖経の章句を引用し、或は英雄の死に際する時の状《さま》を語って、死者を悲《かなし》む者を慰めんとし、もし余の言《ことば》に依《より》て気力を回復せざるものある時は、余は心窃《ひそ》かにその人の信仰薄きを歎じ、理解の鈍《にぶ》きを責めたり。余は知れり、死は生を有するものの避くべからざる事にして、生物界永続の為に必要なるを。且《か》つ思えらく古昔《いにしえ》の英雄或は勇み或は感謝しつつ世を去れり、余も何ぞ均《ひと》しく為《な》す能《あた》わざらんや、ことに宗教の助《たすけ》あり、復活《ふっかつ》の望《のぞみ》あり、もし余の愛するものの死する時には、余はその枕辺《まくらべ》に立ち、讃美の歌を唱《とな》え、聖書を朗読し、曽《かつ》て彼をしてその父母の安否を問《と》わんが為め一時郷里に帰省せしめんとして、讃美と祈禱を以《もっ》て彼の旅立《たびだち》を送りし時、暫時の離別も苦しけれども復遭《またあ》う時の悦《よろこび》を楽しみ、涙を隠し愁苦《しゅうく》を包み、潔《いさぎ》よく彼の門出《かどで》を送りし如《ごと》く、彼の遠逝《えんせい》を送らんのみと。

嗚呼《ああ》余は死の学理を知れり。又《また》心霊上その価値を悟れり。しかれどもその深さ、痛さ、悲しさ、苦しさは、その冷たき手が余の愛するものの身に来《きた》り、余の連夜熱血を灌《そそ》ぎて捧げし祈禱をも顧みず、余の全心全力を擲《なげう》ち余の命《いのち》を捨てても彼を救わんとする誠心《まごころ》をも顧みず、無慙《むざん》にも無慈悲にも余の生命《いのち》よりも貴きものを余の手よりもぎ取り去りし時、初めて実感するを得たり。

生命《いのち》は愛なれば、愛するものの失《う》せしは余自身の失せしなり。この完全最美なる造化《ぞうか》、その幾回《いくたび》となく余の心をして絶大無限の思想界に逍遥せしめし千万の不滅燈《ふめつとう》を以て照されたる蒼穹《あおぞら》も、その春来る毎《ごと》に余に永遠希望の雅歌を歌いくれし翼《つばさ》を有する森林の親友も、その菊花香《かんば》しき頃巍々《ぎぎ》として高天《こうてん》に聳《そび》え常に余に愛国の情を喚起せし芙蓉《ふよう》の山も、余が愛するものの失せてより、星は光を失《うしな》いて夜暗く、鶯は哀歌を奏して心を傷《いた》ましめ、富岳《ふがく》も今は余のものならで、曽《かつ》て異郷に在りし時、*モナドナックの倒扇形《とうせんけい》を見、*コトパキシの高きを望みし時、我故郷ならざりしが故にその美と厳とは却《かえっ》て孤独悲哀の情を喚起せし如く、この世は今は異郷と変じ、余は尚《な》お今世《こんせい》の人なれども、既にこの世に属せざるものとなれり。

愛するものの死せしより来る苦痛は、僅《わずか》にこの世を失いしに止《とど》まらざりき。この世は何時《いつ》か我らの去るべきものなれば、今これを失うも三十年の後に失うも大差なかるべし。しかれども余の誠心《まごころ》の貫かれざるより、余の満腔《まんこう》の願《ねがい》として溢《あふ》れ出《い》でし祈禱の聴かれざるより(人間の眼より見れば)、余は懐疑《かいぎ》の悪鬼に襲われ、信仰の立つべき土台を失い、これを地に求めて得ず、これを空《そら》に探りて当らず、無限の空間余の身も心も置くに処なきに至れり。これぞ真実の無間地獄《むけんじごく》にして、永遠の刑罰とはこの事を云うならんと思えり。余はキリスト教を信ぜしを悔いたり。もし余に愛なる神という思想なかりせば、この苦痛はなかりしものを。余は人間と生れしを歎《たん》ぜり。もし愛情というものの余に存せざりしならば、余にこの落胆なかりしものを。嗚呼如何《いか》にしてこの傷《きず》を癒《いや》すを得んや。

医師余の容態《ようだい》を見て興奮剤と催眠薬とを勧む。しかれども何物か傷《いた》める心を治《じ》せんや。友人は転地と旅行とを勧む。しかれども山川《さんせん》今は余の敵なり。哲理的冷眼を以て死を学び、思考を転ぜんとするも得ず、牧師の慰言《いげん》も親友の勧告《すすめ》も今は怨恨《うらみ》を起すのみにして、余は荒熊《あらぐま》のごとくになり、「愛するものを余に返せ」と云うより外《ほか》はなきに至れり。

嗚呼余を医する薬はなきか。宇宙間余を復活せしむるの力は存せざるか。万物悉《ばんもつことごと》く希望あり、余のみ失望を以て終るべきか。

時に声あり胸中に聞《きこ》ゆ。細くして殆《ほとん》ど聴取《ちょうしゅ》し難し。尚お能《よ》く聞かんと欲して心を鎮むればその声なし。しかれども悪霊懐疑《あくれいかいぎ》と失望とを以て余を挫《くじ》かんとする時その声また聞ゆ。曰《いわ》く『生は死より強し。』生は無生《むせい》の土と空気とを変じてアマゾンの森となすが如く、生は無霊《むれい》の動物体を取りて汝の愛する真実と貞操との現象となせしが如く、生は人より天使を造るものなり。汝の信仰と学術とは未《いま》だ茲《ここ》に達せざるか。この地球が未だ他の惑《わく》星《せい》と共に星雲《せいうん》として存せし時、又は凝結《ぎょうけつ》少しく度を進めて一つの溶解球《ようかいきゅう》たりし時、これぞ億万年の後*シャロンの薔薇を生じ*レバノンの常盤樹《ときわぎ》を繁茂せしむる神の楽園とならんとは、誰か量《はか》り知るを得んや。最初の博物学者は蛄蟖《けむし》の変じて蛹《まゆ》と成りしときは、生虫《せいちゅう》は死せしと思いしならん。他日美翼《びよく》を翻《ひるが》えし日光に逍遥《しょうよう》する蝶は、曽て地上に匍匐《ほふく》せし醜《みにく》かりしものなりしとは、信ずることの難かりしならん。暗黒時代より自由信仰と代議政体生れ、*「三十年戦争」の舞台として殆ど砂漠と成りし独逸《ドイツ》こそ、今は中央欧羅巴《ヨーロッパ》の最強国となりしにあらずや。地球と人類とが年を越ゆる程、生は死に勝ちつつあるにあらずや。しからば、望《のぞみ》と徳とを有し、神と人とに事《つか》えんと己を忘れし汝の愛するものが、今は死体となりしとて何ぞ失望すべけんや、理学も歴史も哲学も皆希望を説教しつつあるに、何ぞ汝独り失望教《しつぼうきょう》を信ずるや』と。

*"Life mocks the idle hate
Of his arch-enemy Death,—yea sits himself
Upon the tyrant's throne, the sepulchre,
And of the triumphs of his ghostly foe
Makes his own nourishment."—Bryant.

しかり余は信ず、余の救主《すくいぬし》は死より復活《ふっかつ》し給いしを。義人を殺してその人死せりと信ぜし猶太人の浅墓《あさはか》さよ。何ぞヒマラヤ山を敲《たた》きて山崩《くず》れしと信ぜざる。余が愛するものは死せざりしなり。自然は自己の造化を捨てず、神は己の造りしものを軽んずべけんや。彼の体《たい》は朽ちしならん、彼の死体を包みし麻の衣は土と化せしならん、しかれども彼の心、彼の愛、彼の勇、彼の節——嗚呼もしこれらも肉と共に消ゆるならば万有は我らに誤謬《ごびゅう》を説き、聖人は世を欺きしなり。余は如何《いか》にして、如何なる体を以て、如何なる処に再び彼を見るやを知らず。唯《ただ》

*"Love does dream, Faith does trust
Somehow, somewhere meet we must."—Whittier.

　愛の夢想を我れ疑わじ
　何様《どう》か何処《どこ》かで相見んと。（ホイッチャー*）

しかれども彼は死せざるものにして、余は何時《いつ》か彼と相会することを得ると雖《いえど》も、彼の死は余に取ては最大不幸なりしに相違なし。神もし神ならば何故《なにゆえ》に余の祈禱を聴かざりしや。神は自然の法則に勝つ能わざるか。或は祈禱は無益なるものなるか。或《あるい》は余の祈禱に熱心足らざりしか。或は余の罪深きが故に聞かれざりしか。或は神余を罰せんが為にこの不幸を余に降《くだ》せしか。これ余の聞かんと欲せし所なり。

細き声また曰く『自然の法則とは神の意なり。雷《いかずち》は彼の声にして嵐は彼の口笛《くちぶえ》なり。しかり、死も亦《また》彼の天使にして、彼が彼の愛するものを彼の膝下《しっか》に呼ばんとする時、遣わし給う勅使なり』と。

嗚呼誰か神意と自然の法則とを区別し得るものあらんや。神もし余の愛するものを活《い》かさんと欲せば、自然の法則に依て活かせしのみ。余輩《よはい》神を信ずるものはこれに由《より》て神に謝す。しかれども神を信ぜざる者は或はこれを医薬の効《こう》に帰し、或は衛生の力に帰し、治癒《ちゆ》の源なる神を讃美せざるなり。神の何たるを知り、自然の法則の何たるを知らば、神は「自然に負《ま》けたり」との言《げん》は決して出ずべきものにあらず。

しからば祈る何の要かある。神は祈禱に応じて雨を賜わず、又《また》聖者の祈禱に反して種々の艱苦を下《くだ》せり。祈らずして神命に従うに若《し》かず。祈禱の要は何処《いずこ》にありや。

これ難問題なり。余は余の愛するものの失せしより後数月間、祈禱を廃したり。祈禱なしには箸《はし》を取らじ、祈禱なしには枕《まくら》に就かじと堅く誓いし余さえも、今は神なき人となり、恨《うらみ》を以て膳に向い、涙を以て寝床《ねどこ》に就き、祈らぬ人となり了《おわ》れり。

嗚呼神よ恕《ゆる》し給え。爾は爾の子供を傷《きずつ》けたり。彼は痛《いたみ》の故に爾に近づく能《あた》わざりしなり。爾は彼が祈らざるが故に彼を捨てざりしなり。否、彼が祈りし時に勝りて爾は彼を恵みたり。彼れ祈り得る時は爾の特別の恵みと慰めとを要せず。彼れ祈る能わざる時彼は爾の擁護を要する最も切なり。余は慈母が、その子病に臥して言語《ことば》に礼を失し易く、小言《こごと》がましき時に当《あた》て、慈愛の情の平常《つね》に勝りて、病児を看護するを見たり。爾無限の慈母も亦余の痛める時に余を愛すること、余の平常無事の時の比に非《あら》ざるなり。余の愛するもの失せて後、余が宇宙の漂流者《ひょうりゅうしゃ》となりし時、その時こそ爾が爾の無限の愛を余に示し得る時にして、余が爾を捨んとする時、爾は余の迹《あと》を逐《お》い、余をして爾を離れ得ざらしむ。

しかり祈禱は無益ならざりしなり。十数年間一日の如く朝も夕も爾に祈りつつありしが故に、今日《こんにち》この思わざるの喜びと慰めとを爾より受くるを得しなり。

嗚呼父よ、余は爾に感謝す、爾は余の祈禱《いのり》を聴き給えり。爾曽《かつ》て余に教えて曰く、肉の為めに祈る勿《なか》れ霊の為めに祈れと。しかして余は余の愛するものと共に爾に祈るに、この世の幸福を以てせざりしなり。もしその為めに祈りし時は、必ず「もし御心《みこころ》に適《かな》わば」の語を付せり。自己の願事《ねぎごと》を聴かば信じ、聴かずば恨むは、これ偶像に願《ねがい》を掛くるものの為《な》す所にして、キリスト信者の為すべき事にあらざるなり。嗚呼余は祈禱を廃すべけんや。余は今夕《こんせき》より以前に勝《まさ》る熱心を以て、同じ祈禱を爾に捧ぐべし。

時に悪霊《あくれい》余に告げて曰く『汝祈禱の熱心を以て不治《ふち》の病者《びょうしゃ》を救いし例を知らざるか、汝の祈禱の聴かれざりしは汝の熱心足らざりしが故なり』と。もししからば余の愛するものの死せしは、余の熱心の足らざりしが故か。しからば彼を死に至らしめし罪は余にあり。余は実に余の愛せしものを殺せしものなり。もし熱心が病者を救い得ば、その熱心を有せざる人こそ憐むべきかな。余は余の信仰の足らざるを知る。しかれども余は余の熱心のあらん限り祈りたり。しかして聴かれざりしなり。もし尚お余の熱心の足らざるを以て余を責むるものあらば、余は余の運命に安《やす》んずるより他に途なきなり。

嗚呼神よ、爾は我らの有せざるものを我らより要求《ようきゅう》し給わざるなり。余は余の有するだけの熱心を以て祈れり。しかして爾は余の愛するものを取去れり。父よ、余は信ず、我らの願う事を聴かれしに依りて爾を信ずるは易し、聴かれざるに依りて尚お一層爾に近づくは難し。後者は前者に勝りて爾より特別の恩恵を受けしものなり。もし我の熱心にして爾の聴かざるが故に挫けんものならんか、爾は必ず我の祈禱を聴かれしならん。

　嗚呼感謝す、嗚呼感謝す、爾は余のこの大試錬に堪ゆべきを知りたればこそ余の願を聴き給わざりしなれ。余の熱心の足らざるが故にあらずして、却《かえっ》て余の熱心（爾の恵みによりて得し）の足るが故に、余にこの苦痛ありしなり。嗚呼余は幸福なるものならずや。

　愛なる父よ、余は信ず爾は我らを罰せん為めに艱難を下し給わざる事を。罰なる語は、爾の如何なる者なるかを知る者の字典の中に存すべき語にあらざるなり。罰は法律上の語にして、キリスト教という律法《おきて》以上の教に於《おい》ては用もなき意味もなき名詞なり。もし強《し》いてこの語を存せんとならば、「暗く見ゆる神の恵」なる定義を附して存すべきなり。刑罰なる語を以て爾に愛せらるるものを屢々《しばしば》威嚇《いかく》する爾の教役者《きょうえきしゃ》をして、再び爾の聖書を探らしめ、彼らの誤謬を改めしめよ。

　しかれども余に一事忍ぶべからざるものあり。彼は何故に不幸にして短命なりしか。彼の如き純白《じゅんぱく》なる心霊を有しながら、彼の如く全く自己を忘れて彼の愛するものの為めに尽しながら、彼に一日も心痛《しんつう》なきの日なく、この世に眼開《めひら》いてより眼を閉じしまで、不幸艱難打続き、しかして後彼れ自身は非常の苦痛を以て世を終れり。この解すべからざる事実の中に如何なる深義の存するか、余は知らんと欲するなり。

聖書に云わずや、地は神を敬するものの為に造られたりと(ヨブ記十五章十九節)。しかるにこの最も神を慕いし者は、最もわずかにこの世を楽んで去れり。ブラジル国の砂中に埋《うず》もる大金剛石は誰の為めに造られしや。無辜《むこ》を虐《しいた》げ真理を蔑視《べっし》する女帝、女王の頭を飾る為めにか。或は安逸以て貴重なる生命を消費し、春は花に遊び秋は月に戯れ、この神聖なる神の工場(God's Task-garden)を以て一つの遊戯場と見做《みな》す懶惰《らんだ》男女の指頭《ゆびさき》と襟とに光沢を加えん為にか。東台の桜、*亀井戸の藤は、黄白の為めに身を汚し天使の形に悪鬼の霊を注入せし妖怪の所有物《しょゆうぶつ》なるか。誰《た》が為めに富岳は年々荘厳なる白冠を戴《いただ》くや。誰《た》が為めに富士川の銀線はその麓を縫《ぬ》うや。最も清きもの最も愛すべきものには、朝より夕まで、月満ちてより月欠くるまで、彼の視線《しせん》は一小屋《しょうおく》の壁に限られ、聴くべきものとては彼の援助《たすけ》を乞う痛めるものの声あるのみ。嗚呼造化はこの最良最美の地球を悪魔とその子供とに譲与《じょうよ》せしか。

この深遠なる疑問に対し答うる所二個あるのみ。即ち神なるものは存在せざるなり。

又はこの地球に勝《まさ》る世界の、義人の為めに備えらるるあるなり。しかしてもし神なしとせば真理なし。真理なしとせば宇宙を支《ささ》ゆる法則なし。法則なしとせば我も宇宙も存在すべきの理なし。故に我自身の存在する限りは、この天この地の我目前《めのまえ》に存する限りは、余は神なしと信ずる能わず。故に理論は余をして、已《や》むを得ず未来存在を信ぜざるを得ざらしむ。もし神はブラジルの金剛石、*ボゴタの青玉《せいぎょく》、*オフルの黄金を以て懶惰貪慾不義をも粧《よそお》い給うならば、勤勉無私貞節を飾るその石その金は如何なるものぞ。コーイノル、オルロー（共に大金剛石の名）の宝石を以て冠《かんむり》を編み、ペルシヤの真珠《しんじゅ》百千を以て襟飾《えりかざり》となし、ウラルの白銀、オルマッズの金を打って腕輪《うでわ》となして彼を飾るも神は尚お足らずとなし、別に我らの知らざる結晶体《けっしょうたい》を造り、金に優《まさ》る鉱物を製し、彼を粧《よそお》いつつあるならん。しかりこの地は美にしてその富は大なり。しかれども佞人もこれを手にするを得べきものなれば、決して無窮の価値を有するものにあらず。我の欲する所のものは悪人の得る能わざるもの、楽しみ得ざるものなり。義人の妝飾《かざり》は「*髪を辮《あ》み金を掛けまた衣を着るが如き外面の妝飾《かざり》に非ず、ただ心の内の隠れたる人すなわち壊《くつ》ることなき柔和恬静《にゅうわおだやか》なる霊」なり。

余は了解せり宇宙のこの隠語《いんご》を。この美麗なる造化は我らがこれを得ん為めに造られしにあらずして、これを捨てんが為めに造られしなり、否、人もしこれを得んと欲せば先ずこれを捨てざるべからず（マタイ伝十六章二十五節）。誠に実にこの世は試錬の場所なり。我ら意志の深底より世と世のすべてを捨去りて後初めて我らの心霊も独立し、世も我らのものとなるなり。死にて活き、捨てて得る。キリスト教のパラドックス（逆説《ぎゃくせつ》）とはこの事を云うなり。余の愛するものは生涯の目的を達せしものなり。彼の宇宙は小なりき。しかれどもその小宇宙は彼を霊化《れいか》し、彼を最大宇宙に導くの階段となれり。しかり神はこの地を神を敬するものの為めに造り給いしなり。

余の失いしものを思う毎に、余をして常に断腸後悔《だんちょうこうかい》殆ど堪ゆる能わざらしむるものあり。彼が世に存せし間余は彼の愛に慣《な》れ、時には不興《ふきょう》を以て彼の微笑に報い、彼の真意を解せずして彼の余に対する苦慮を増加し、時には彼を呵斥《かせき》し、甚しきに至りては彼の病中余の援助を乞うに当《あたり》て——仮令《たとい》数月間の看護の為めに余の身も精神《こころ》も疲れたるにもせよ——荒《あら》らかなる言語《ことば》を以て彼に答え彼の乞に応ぜざりし事ありたり。彼は渾《すべ》て柔和に渾《すべ》て忠実なるに、我は幾度か冷酷にして不実なりき。これを思いて余は地に恥じ天に恥じ、報ゆべきの彼は失せ、宥《ゆるし》を乞うの人はなく、余は悔い能わざるの後悔に苦められ、無間地獄《むけんじごく》の火の中に我と我身を責め立てたり。

一日余は彼の墓に至り、塵を払い花を手向《たむ》け、最高《いとたか》きものに祈らんとするや、細き声あり——天よりの声か彼の声か余は知らず——余に語って曰く『汝何故に汝の愛するものの為めに泣くや。汝尚お彼に報ゆるの時をも機《おり》をも有せり。彼の汝に尽せしは汝より報《むくい》を得んが為めにあらず。汝をして内に顧みざらしめ、汝の全心全力を以て汝の神と国とに尽さしめんが為めなり。汝もし我に報いんとならばこの国この民に事《つか》えよ。かの家なくして路頭に迷《まよ》う老婦は我なり。我に尽さんと欲せば彼女に尽せ。かの貧に迫《せ》められて身を恥辱の中に沈《しず》む可憐《かれん》の少女は我なり。我に報いんとならば彼女を救へ。かの我の如く早く父母に別れ憂苦《ゆうく》頼るべきなき児女は我なり。汝彼女を慰むるは我を慰むるなり。汝の悲歎後悔は無益なり。早く汝の家に帰り、心志《しんし》を磨き信仰に進み、愛と善との業《わざ》を為し、霊の王国に来る時に夥多《あまた》の勝利の分捕物《ぶんどりもの》を以て我主と我とを悦ばせよ』と。

嗚呼如何なる声ぞ。曽てパマカス*なる人が妻ポーリナを失いし時、聖ジェロームが彼を慰めん為めに「他の良人は彼らの妻の墓を飾るに菫菜草《すみれそう》と薔薇花《ばらのはな》とを以てするなれど、我がパマカスはポーリナの聖なる遺骨を湿《うるお》すに慈善の乳香《にゅうこう》を以てすべし」と書き送りしは、蓋《けだ》し余が余の愛するものの墓に於て心に聞きし声と均しきものならん。よし今日よりは以前に勝る愛心を以て世の憐むべきものを助けん。余の愛するものは肉身に於ても失《う》せざるなり。余は尚お彼を看護し彼に報ゆるを得るなり。この国この民は、余の愛するものの為めに余に取ては一層愛すべきものとなれり。

一婦人の為めに心思《しんし》を奪われ残余《ざんよ》の生涯を悲哀の中に送るは、情は情なるべけれども、これ真正の勇気にあらざるなり。キリスト教は情性を過敏《かびん》ならしむるが故に、悲哀を感ぜしむる亦従《またしたがっ》て強し。しかれども真理は過敏の情性を錬《ね》り、無限の苦痛の中より無限の勇気を生む者なり。アナ・ハセルトン女の死は、宣教師ジャドソンをして益々《ますます》勇敢忠実ならしめたり。メリー・モファト女の死は、探検家《たんけんか》リビングストンをして暗黒大陸《あんこくたいりく》に進入する事《こと》益々深からしめたり。詩人シルレルの所謂《いわゆる》

Der starke ist machtigsten allein,

勇者は独り立つ時最も強し

との言は蓋しこの意に外《ほか》ならじ。もし愛なる神の在《いま》して勇者を一層勇ならしめんとならば、その愛する者をもぎ取るに勝れる方法はなかるべし。

余は余の愛するものの失せしに由《より》て国をも宇宙をも——時には殆《ほとん》ど神をも——失いたり。しかれども再びこれを回復《かいふく》するや、国は一層愛を増し、宇宙は一層美と荘厳《そうごん》とを加え、神には一層近きを覚えたり。余の愛する者の肉体は失せて彼の心は余の心と合せり。

何ぞ思わん真正の合一は却て彼が失せし後にありしとは。

しかり余は万を得て一をも失わず。神も存せり、彼も存せり、国も存せり、自然も存せり。万有は余に取りては彼の失せしが故に改造せられたり。

余の得し所これに止《とど》まらず、余は天国と縁を結べり。余は天国という親戚を得たり。余も亦《また》何時《いつ》かこの涙の郷《さと》を去り、余の勤務《つとめ》を終えて後永き眠に就かん時、余は未知の異郷に赴くにあらざれば、彼が曽《かつ》てこの世に存せし時、彼に会して余の労苦を語り終日の疲労《つかれ》を忘れんと、業務もその苦《く》と辛《しん》とを失い、喜悦《よろこび》を以て家に急《いそ》ぎしが如く、残余のこの世の戦闘《たたかい》も相見ん時を楽《たのし》みに能《よ》く戦い終えし後、心嬉しく逝《ゆ》かんのみ。

第二章　国人に捨てられし時

愛国は人の至誠《しせい》なり。我の父母妻子を愛する、強いられてこれを為《な》すにあらず、愛せざるを得ざればなり。普通の感能《かんのう》を具《そな》えしものにして、誰か己に生を与えし国土を愛せざるものあらんや。鳥獣尚《な》お且《か》つその棲家《すみか》を忘れず、況《いわん》や人に於《おい》てをや。曽《かつ》てユダヤの愛国者はバビロン河の辺《ほとり》に坐し、故国のシオンを思いいでて、涙を流して謡《うと》うて曰《い》えり、

エルサレムよ、もし我れ汝を忘れなば、
我が右の手にその巧《たくみ》を忘れしめよ。
もし我れ汝をおもいいでず、
もし我れエルサレムをわがすべての歓喜《よろこび》の極《きわみ》となさずば、
わが舌を腭《あぎ》につかしめよ。（詩篇百三十七篇）

これ愛国なり、他にあらず。この真情は我が霊に附着するものなり。否、我が霊の一部分にして、我の外より学び得たるものにあらざるなり。

「如何《いか》にして愛国心を養成すべきや」とは余輩《よはい》が屢々《しばしば》耳にする問題なり。曰《いわ》く国民的文学を教ゆべし、曰く国歌を唱えしむべしと。しかれども人もし普通の発達を為せば彼に心情の開発するが如《ごと》く、彼の体軀《たいく》の成長するが如く、愛国心も亦《また》自然に発達するものなり。義務として愛国を高調《こうちょう》するの国民は、愛国心を失いつつある国民なり。孝を称する子は孝子にあらざるなり。愛国の空言喧《かまびす》しくして愛国の実《じつ》その跡を絶つに至る。余は国を愛する人となりて、愛国を論ずるものとならざらんことを望むものなり。

故に余は日本国を愛すと云いて、決して自《みずか》ら余の徳を賞讃するにあらずして、一人並《なみ》の人間として余の真情を表白するなり。余は米国が日本に勝《まさ》りて富を有し、技芸の盛なるを知る。しかれども余は富と技芸との故を以《もっ》て、余が日本に与えし愛心を米国に与うること能わざるなり。英国の政治、伊国の美術、独逸の学術、仏蘭西の法律が余をして日本人たるを嫌悪《けんお》せしめし事は未《いま》だ曽てあらざるなり。コトパキシの高きは芙蓉《ふよう》の高きに勝《まさ》ると雖《いえど》も、後者が余の胸中に喚起する感情の百分の一だも余は前者の為に発する能わざるなり。否、コトパキシを見て却《かえっ》て芙蓉を思い、ミシシピを渡って石狩利根《いしかりとね》を想う。これ真情なり。決して余一人の感にあらず。普通一人並《なみ》の日本男子にして、この感なきものは一人もあるべからざるなり。

しかれどももし愛国が真情なれば、真理と真理の神を愛するも亦真情なり。しかして完全なる社会に於ては、二者決して撞着《どうちゃく》するものにあらず。国の為めに神を愛し神の為めに国を愛し、国民挙《こぞ》って神聖なる愛国者となり得るなり。かくの如き社会に於て、人もし国に捨てられしならば、即ち神に捨てられしなり。その時こそ実に人民の声は神の声にして(*Vox populi est vox dei)、国に捨てられしとて、天にも地にも訴うべき人も神も存せざるなり。

しかれども世には真正の愛国者にして、国人に捨てられしものその人に乏しからず。イエスキリストその一なり。ソクラテスその二なり。*シピオ・アフリカナスその三なり。*ダンテ・アリギエーリその四なり。しかして公平なる歴史家が裁判を下《くだ》すに当《あたっ》て、これら人士の場合に於ては、罪を国民に帰して捨てられしものの無罪を宣告せり。

余は現在の余自身を以て不完全なるものと認むると同時に、亦今日の社会を以て完全なるものと認むる能わざるなり。しかして余の国人に捨てられしは、その罪或は余にあらん。余の不注意なりしその一なり。余の過激《かげき》なりしはその二ならん。余の心中名誉心の尚お未だ跡を絶たざるあり、慾心も時にはその威を逞《たくま》しうするあり。余のこの不幸に陥《おちい》りしは或はこれらの為ならん。嗚呼《ああ》今これを言いて何かせん。かく記すさえも余が隠《いん》に余自身を弁護しつつあるなりと、余の愚を笑う者あらん。今は余の口を閉ずべき時なり。しかして感謝すべきは余は黙止し居《お》るを得ることなり。しかれども普通の情としては忍ぶべからず。余は余の国人を後楯《うしろだて》となし、力《つと》めて友を外国人の中に求めざりき。余は日本狂《にほんきょう》と称せられて却《かえっ》て大《おおい》に悦びたり。しかるに今やこの頼《たの》みに頼みし国人に捨てられて、余は帰るに故山なく、需《もと》むるに朋友なきに至れり。かくあると知りしならば、友を外国に需《もと》め置きしものを。かくあると知りしならば、余は余の国を高めんが為めに強く外国を譏《そし》らざりしものを。余の位置は、可憐の婦女子がその頼みに頼みし良人に貞操《みさお》を立てんが為め頻《しき》りに良人《おっと》を頌揚《しょうよう》したる後、或る些小の誤解よりこの最愛の良人に離縁されし時の如く、天の下には身を隠すに家なく、他人に顔を会わせ得ず、孤独寂寥言わん方なきに至れり。

この時に当って、嗚呼神よ、爾《なんじ》は余の隠家《かくれが》となれり。余に枕する場所なきに至って、余は爾の懐《ふところ》に入《い》れり。地に足の立つべき処なきに至って、我全心は天を逍遥《しょうよう》するに至れり。周囲の暗黒は天体を窺うに方《あたっ》て必要なるが如く、「第三の天」*に登り、永遠の慈悲に接せんと欲せば、先《ま》ず下界の交際より遮断せらるるにしかず。国人は余を捨てて余は霊界に受けられたり。

この土《ど》の善美なるは今日まで余の眼を晦《くら》ませり。如何にしてその富源を開かんか、如何なる国民教育の方針を採らんか、如何なる政策を以て海外に当らんか、その世界に負う義務と天職とは如何《いかん》、ペリクリス時代の雅典《アテン》、メディチのフローレンス、エリサベス女王の英国、フレデリック大王の普魯士《プロシャ》は交々《こもごも》余の眼中に浮び、我国をしてこれに象《かたど》らしめんか彼に倣《なら》わしめんかと、寝ても醒めても余の思念はこの国土より離れざりしなり。真《まこと》にや古昔《いにしえ》のギリシヤ人は現世を以て最上の楽園と信じ、彼らの思想は現世以外に出でしこと稀なりしとは。余も余の国を以て満足し、この国に勝《まさ》る世界とては詩人の夢想《むそう》に読みしかど、又《また》牧師の説教に聞きしかど、余が心中には実在せざりしなり。

余が国人に捨てられしより後はしからず。余の実業論は何の用かある。誰か奸賊《かんぞく》の富《ふ》国策《こくさく》を聴かんや。余の教育上の主義経験は何かある。誰か子弟を不忠の臣に委《ゆだ》ぬるものあらんや。余はこの土に在ってこの土のものにあらず。この土に関する余の意見は地中に埋没せられて、余は目もなき口もなき無用人間となり果てたり。

地に属するものが余の眼より隠されし時、初めて天のものが見え始まりぬ。人生終局の目的とは如何、罪人《つみびと》がその罪を洗《あら》い去るの途ありや、如何にして純清に達し得べきか、これらの問題は今は余の全心を奪い去れり。しかして眼を挙げて天上を望めば、栄光の王は神の右に坐して、ソクラテス、パウロ、クロムウェルの輩、数知れぬ程御位《みくらい》の周囲に坐するあり。荆棘《いばら》の冠を戴きながら十字架に上りしイエスキリスト、来世存在を論じつつ従容《しょうよう》として毒を飲みしソクラテス、異郷ラベナに放逐されしダンテ、その他夥多《あまた》の英霊は今は余の親友となり、詩人リヒテル*と共に天の使に導びかれつつ、球より球まで、星より星まで、心霊界の広大を探り、この地に決して咲かざる花、この土に未だ見ざる宝玉、聞かざる音楽、味わざる美味………余は実に思わぬ国に入りぬ。

実にこの経験は余に取りては世界文学の良き註解となれり。エレミヤ*の慨歌は今は註解書に依《よ》らずして明白《あきらか》に了解するを得たり。追放《ついほう》の作と見做《みな》してのみダンテの『デイビナ、コメヂヤ』は解し得らるるなり。殊《こと》にキリスト彼自身の言行録に至りては、国人に捨てられざるものの争《いか》でその広さその深さを探り得べけんや。しかり余は余の国人に捨てられてより世界人(Weltman)と成りたり。曽て余はホリヨーク山頂に於て、宇宙学者フムボルト*が自筆を以て名を記せるを見たり、曰く、

Alexander von Humboldt,
In Deutschland geboren,
Ein Burger der Welt.

独逸国に生れたる世界の市民

アレキサンデル・フォン・フムボルト。

嗚呼余も亦今は世界の市民なり。生をこの土《ど》に受けしにより、この土の外《ほか》に国なしと思いし狭隘《きょうあい》なる思想は、今は全く消失《きえう》せて、小さきながらも世界の市民、宇宙の人と成るを得しは、余が余の国人に捨てられし目出度《めでたき》結果の一なり。

しからば宇宙人《うちゅうじん》となりしに由《よ》り余は余の国を忘れしか。嗚呼神よ、もし我れ日本国を忘れなば、我が右の手にその巧みを忘れしめよ。もし子たるものがその母を忘れ得るならば、余は余の国を忘れ得るなり。無理に離縁状を渡されし婦《おんな》はその夫《おっと》を慕うこと益々切《せつ》なるが如く、余も亦捨てられし後は余の国を慕うこと益々《ますます》切なり。朝《あした》は送るに良人《おっと》なく、夕《ゆうべ》は迎うるに恋人《こいびと》なく、今は孤独《こどく》の身となりて、斎《ととの》うべきの家もなく、閑暇《かんか》勝《が》ちにて余所事《よそごと》に心を使い得るにもせよ、朝《あさ》な夕《ゆう》なに他の女子がその良人を労《いた》わるを見て、我れ独り良人と共にありし昔を忘るべけんや。嗚呼神よ、我が良人をして恙《つつが》なからしめよ。彼の行路をして安からしめよ。今我は彼に従いて真心を尽《つく》す能わずとも、もし我が祈禱にして彼を保護するの力あらば、この賤婦《せんぷ》の祈禱を受けて彼の歩行《あゆみ》を導きたまえ。尚又《なおまた》この身にして彼の為めに要せらるるならば、何時なりとも爾の御意《みこころ》に任《まか》せ、彼の為めにこれを使用し給え。この身は爾のものにして、爾の為めに彼に与えしものなり。我に属せざるこの命《いのち》は、彼の為めにとならば何時なりとも捧ぐべしとは、我の既に爾の前に誓いし処なり。

　しかれども神よ、もし御意《みこころ》ならば我をして再び我夫《おっと》の家に帰らしめよ。勿論我は爾を捨てて我夫《おっと》に帰る能わず。これ爾に対して罪なるのみならず、また我夫に対して不貞なればなり。爾のしろしめす如く我夫《おっと》に*天地の正気の鍾《あつ》まるあり、その壮大なること富岳のごとく、その香《かん》ばしきこと万朶《ばんだ》の桜の如く、その秀《しゅう》その芳《ほう》万国ともに儔《たぐい》し難し。我れいかでかこの夫を欺《あざむ》くべけんや。彼の正気は時に鬱屈《うっくつ》することありと雖も、明徳再び光を放つ時は、宇宙に存する渾《すべ》ての善なるもの渾ての美なるものは、彼の認むる所となるなり。偽善諂媚《てんび》は彼の最も嫌悪《けんお》する所なり。我は彼の威厳を立てんが為めに我の良心に従わざるを得ず。唯《ただ》願う神よ、もし彼に誤解あらば爾の聖霊の力に依りてこれを氷解《ひょうかい》せよ。もし彼に迷信の存するあらば爾の光を以てこれを排除せよ。しかして我れ再び彼に帰し、彼れ再び我と和し、旧時の団欒《だんらん》を回復し、我も亦彼の一臂《いっぴ》となり、彼をして旭日の登るがごとく、勇者の眠《ねむり》より醒むるが如く、この歴史上危急の時に方《あた》って世界最大国民たらしむるの一助たらんことを。余は知る、誤解の為めに別れし夫妻の再び旧《もと》の縁に復するや、その情愛の濃《こまや》かなる前日の比にあらざる事を。余も亦この国に入れられ、この国も亦その誤解を認むるに至らば、その時こそ余の国を思うの情は実に昔日に百倍する時ならん。

嗚呼余は良人を捨てざるべし。孤独彼を思うの切なるより余の身も心も消え行けど、この操《みさお》をば破るまじ。よし余は和解の来《きた》るまでこの浮世《うきよ》にはながらえ得ずとも、何時《いつ》か良人が余の心の深底を悟る時もあらん。貞婦の心の一念よりして彼の改むる時もあらん。最後《おわり》まで忍ぶものは福《さいわい》なり。余も亦余の神の助にて何をか忍び得ざらんや。

第三章　キリスト教会に捨てられし時

注意　ここに用ゆるキリスト教並《ならび》にキリスト信者なる語は、普通世に称する教会並に信者を謂うものにして、いずれか真いずれか偽なるかは、全能なる神のみ知り給うなり。

人は集合動物(gregarious animal)なり。単独《たんどく》は彼の性にあらず。白鷺《しらさぎ》の如《ごと》く独り曠野《こうや》に巣を結び、痛烈なる悲声《ひせい》、聞くものをして戦慄《せんりつ》せしむる動物あり。翻魚《まんぼう》の如く大洋中箇々に棲息し、ただ寂寥《せきりょう》を破らんためにか空に向《むかっ》て飛揚を試むる奇魚あり。又は狸の如く好んで日光を避け、古木の下或は陰鬱《いんうつ》なる岩石の間に小穴を穿ち、生れて生んで死する動物あり。しかれども人は水産上国家の大富源《だいふげん》なる鰊《にしん》、鱈《たら》、鯖魚《さば》の如く、南米の糞山《ふんざん》を作る海鳥の如く、又ロッキー山を攀じ登る山羊《やぎ》の如き集合動物なり。実に古人の言いしが如く、単独を歓ぶ人は神にあらざれば野獣なり。

余はこの不信国に生れ、余の父母兄弟国人が嫌悪《けんお》せる耶蘇教に入れり。余の初てこの教を聴きし頃は全国の信徒二千に満たず、殊《こと》に教会は互に相離れ居たれば、この新来の宗教を信ずるものは実に寂々寥々《せきせきりょうりょう》たりき。しかれども一たびその大道を耳にしてより、これを以《もっ》て自己を救い国を救う唯一の道と信じたれば、社会に嫌悪せらるるにも関せず、余の親戚の反対するをも意とせず、幾多の旧時の習慣と情実とを破りて新宗教に入りしことなれば、寂寞《せきばく》の情は以前に倍せしと同時に、又同信者に対する親愛の情は実に骨肉も啻《ただ》ならざりき。当時余は思えらく、キリスト教会なるものは地上の天国にして、その内に猜疑《さいぎ》憎悪《ぞうお》の少しも存する事なく、未信者社会に於《おい》ては万事に懸念《けねん》し、心に存せざる事を言い、存する事を言わざるも、この新社会に於ては全教会員が皆心霊に於ける兄弟姉妹なれば、骨肉《こつにく》にも語り得ぬ事を自由に語るを得、もし余に失策あるとも誰も余の本心を疑うものはなきことと確信し、その安心喜楽は実に筆紙に尽し得ぬ程にてありき。

嗚呼《ああ》なつかしきかな余の生れ出でし北地僻幽《へきゆう》*の教会よ。朝に夕に信徒相会し、木曜日の夜半の祈禱会、土曜日の山上の集会、日曜終日の談話、祈禱、聖書研究、偶々《たまたま》会員病むものあれば信徒交々《こもごも》不眠の看護をなし、旅立《たびだち》を送る時、送らるる時、祈禱と讃美と聖書とは我らの口と心とを離れし暇《ひま》は殆《ほとん》どなかりき。偶々外《たまたまほか》よりキリスト信徒の来《きた》るあれば我らは旧友に会せしが如く、敵地に在って味方に会せしが如く、打悦びてこれを迎えたり。キリスト信徒にして悪人ありとは、我らの思わんとするも思うこと能わざる所なりき。

しかれどもこの小児的の観念《かんねん》は、遠からずして破砕《はさい》せられたり。余はキリスト教会は善人のみの団体にあらざるを悟《さと》らざるを得ざるに至れり。余は教会内に於ても気を許すべからざるを知るに至れり。加之《しかのみならず》余の最も秘蔵《ひぞう》の意見も、高潔の思想も、勇壮の行為も、余をしてキリスト教会に嫌悪せらるる者たらしむるに至れり。

余はキリスト教の必要なる本義として、左の大個条を信ぜり。即ち

主たる爾《なんじ》の神を拝し惟《ただ》これにのみ事《つか》うべし。

（出埃及《エジプト》記二十章三―五節、申命記十章二十節、マタイ伝四章十節）

しかして余は神と心理とを知る唯一の途としては、使徒パウロの語にして、ルーテルが彼の信仰の城壁と頼み、プロテスタント教の基礎となりし左の聖語に依れり。即ち

兄弟よ、我れ汝らに示す、我が曽《かつ》て汝らに伝えし所の福音は人より出ずるにあらず、蓋《けだ》しわれこれを人より受けず亦《また》教えられず、惟《ただ》イエスキリストの黙示《もくし》に由《よ》りて受けたればなり。（ガラテヤ書一章十一、十二節）

これらの確信が余の心中に起りたればこそ、余は意を決して余の祖先伝来の習慣と宗教とを脱して、新宗教に入りしなれ。余は心霊の自由を得んが為にキリスト教に帰依せり。僧侶神官を捨てしは、他種の僧侶輩に束縛せられんが為めにあらざりしなり。

宇宙の神を以て余の真の父と尊《たっと》み、彼自身よりの黙示《もくし》を以て真理の標準《ひょうじゅん》と信じ、己の一身を処するに於ても、余の国に尽さんとするに方《あた》っても、キリスト教会に対する余の立場に於ても、余は悉《ことごと》くこの標準に依《よ》りて行わん事を努《つと》めたり。しかるに余の智能の発達するに従い、余の経験の積むと共に、余の信仰の進むと同時に、余の思想並《ならび》に行為に於て屢々《しばしば》かのキリスト教先達者《せんだつしゃ》、この神学博士と意見を全く同うするを得ざるに至れり。或は余の一身を処する上に於て、忠実なる一信徒より忠告を蒙《こうむ》るあり。曰く「君の行為は聖書の明白なる教訓に反せり、君宜しく改むべし」と。親愛なる友人の忠告として余は二度《ふたたび》三度《たび》己に省みたり。しかれども沈思黙考に加うるに祈禱と聖書研究の結果を以てし、しかして後友人の忠告必しも真理ならずと信ずる時は、已《や》むを得ず自己の意志に従いたり。友人は余を信ずるを以て敢《あえ》て余の彼が言《げん》に従わざるを忿《いか》らずと雖《いえど》も、余を愛せざる兄弟姉妹(?)の眼より見れば、余は聖書の教訓に逆らいしもの、キリストより後戻《あともど》りせしもの、特殊《とくしゅ》の天恵《てんけい》を放棄せしものとなるに至れり。

余の神学上の思想に就《つい》ても、余の伝道上の方針に就ても、余の教育上の主義に就ても、余は余の真理と信ずる所を固守するが為めに、或は有名博識なる神学者に遠ざけられ、或はキリスト教会内に於て非常の人望を有する高徳者より無神論者として擯斥《ひんせき》せられ、終《つい》には教会全体より危険なる異端者、聖書を蔑《ないがしろ》にする不敬人《ふけいじん》、*ユニテリアン（悪しき意味にて）、*ヒクサイト、狂人、名誉の跡を逐《お》う野心家、教会の狼等の名称を付せられ、余の信仰と行為を責めらるるに止《とど》まらずして、余の意志も本心も悉《ことごと》く過酷《かこく》の批評を蒙《こう》むるに至れり。

嗚呼余は大悪人ならずや。余は人も我も博識と認めたる神学者に異端者と定められたり。余は実に異端者にあらざるか。余に先んずる十数年以前よりキリスト教を信じ、しかも欧米大家の信用を博し、全教会の頭梁《とうりょう》として仰がるる某高徳家は余を無神論者なりと云えり。余は実に無神論者にあらざるか。名を宗教社会に轟《とどろ》かし、印度に支那に日本に福音を伝うる事十数年、しかも博士の号二三を有する老練なる某宣教師は、余をユニテリアンなりと呼べり。余は実に救主の贖罪《しょくざい》を信ぜず自己の善行にのみ頼むユニテリアンならざるか。伝道医師として有力なる某教師は、余は狂人なりとの診断を下せり。余は実に知覚の狂いしものなるか。教会全体は危険人物として余を遠ざけたり。余は実に悪鬼《あくき》の使者として、緬羊の皮を被《こうむ》りながら、神の教会を荒《あら》すために世に産出されし有害物なるか。余を悪人視するものは万人にして、弁護するものは己一人なり。万人の証拠と一人の確信と何《いず》れが重きや。しからば余はキリスト信者にはあらざりしなり。余は自己を欺きつつありしものにして、余の真性《しんせい》は悪鬼《あくき》なりしなり。何ぞ今日よりはキリスト信徒たるの名を全く脱して普通世人の生涯に帰らざる。否、これに止らずして、余の今日迄《まで》キリスト教のために尽せし信実《しんじつ》と熱心《ねっしん》とを以て、余を敵視するキリスト教会を攻撃せざる。何ぞ余の敵《あだ》の神に祈るを得んや。何ぞ余の敵《あだ》の聖書を尊敬し研究するを得んや。余はユニテリアンなり。無神論者なり。偽善者なり。神の教会に属すべからざるものなり。狼なり。狂人なり。よし今より後は*ヒューム、*ボーリンブローク、*ギボン、*インガーソルの輩を学び、一刀をキリスト教の上に試みばや。

この時に方《あた》って余の信仰は実に風前の灯火《ともしび》の如きものなりき。余は信仰堕落の極点《きょくてん》に達せんとせり。憤怒は余をして信仰上の自殺を行わしめんとせり。余の同情は今は無神論者の上にありき。余は*ジョン・スチュアト・ミルの死を聞いて神に感謝せし某監督の無情を怒れり。*トマス・ペーンの臨終《りんじゅう》の状態を指摘して意気揚々たりし神学者の暴慢《ぼうまん》を憤《いきどお》れり。嗚呼幾許の無神論者はキリスト教会自身の製出になるや。余は曽《かつ》て聞けり、無病の人を清潔なる臥床《ねどこ》の上に置き、しかして汝は危険なる病に罹れる患者なれば今は病床の上にあるなりと側《かたわら》より絶えず彼に告ぐれば、無病健全の人も直《ただち》に真正の病人となると。人をして神より遠ざからしめ、神の教会を攻撃するに至らしむるものは、悪鬼とその子供とに限らざるなり。

しかれども神よ、我が救主《すくいぬし》よ、爾《なんじ》はこの危険より余を救い給えり。人、聖書を以て余を攻むる時、これを防禦するに足る武器は聖書なり。教会と神学者は余を捨つるも、余の未だ聖書を捨つる能わざるは余が未だ爾に捨てられざる徴候なり。余は爾の僕《しもべ》ルーテルが「我れの福音なり」と言いて縋《すが》りし加拉太《ガラテヤ》書に行かん。しかして彼が平易なる独逸語を以て著せしその註解書《ちゅうかいしょ》を読まん。「今よりのち誰も我を擾《わずら》わす勿《なか》れ、蓋《そ》はわれ身にイエスの印記《しるし》を佩《お》びたれば也《なり》」と(六章十七節)。嗚呼何たる快《かい》ぞ。余も亦不充分ながらもイエスの名を世人の前に表白せしにあらずや。余の信者なると不信者なるとは他人の批評如何に由るにあらずして、余にイエスの印記あるとなきとに由るなり。「義人《ぎじん》は信仰に依て生くべし」(三章十一節)と。しかり余は今は自己の善行に依らずして、十字架上に現れたる神の小羊の贖《しょく》罪《ざい》に頼めり。この信仰こそ余が神の子供たるの証拠なれ。キリストを十字架に釘《つ》けし者十字架にすがるにあらずや。余も亦余の罪より遁《のが》れんが為めに、イエスのは悉く悪人、無神論者なりしか。彼の弟子を迫害《はくがい》しながら、神に尽しつつありと信ぜしものもありしにあらずや。ヨブの友らはヨブの不幸艱難を以て彼の悪人たるの証拠となせり。しかれども神は彼の三人の友に勝《まさ》りてヨブを愛し給いしにあらずや。人をして衆人の誹毀に対し自己の尊厳と独立とを維持せしむるに於て、無比の力を有するものは聖書なり。聖書は孤独者の楯《たて》、弱者の城壁、誤解人物の休所《やすみどころ》なり。これに依《より》てのみ、余は法王にも、大監督にも、神学博士にも、牧師にも、宣教師にも抗する事を得るなり。余は聖書を捨てざるべし。他の人は彼らに抗せん為めに聖書を捨て、聖書を攻撃せり。余は余の弱きを知れば聖書なる鉄壁の後《うしろ》に隠れ、余を無神論者と呼ぶもの、余を狼《おおかみ》と称するものと戦わんのみ。何ぞこの堅城を彼らに譲り、野外、防禦なきの地に立ちて、彼らの無情、浅薄、狭量、固執の矢に此身を曝《さら》すべけんや。

　＊With one voice, O world, though thou deniest,
　Stand thou on that side—for on this I am!
　世人は同音一斉《いっせい》に我を拒《こば》むとも
　彼らは彼方《かなた》に立て、我れ独り此方《こなた》に立たん。

時に悪霊《あくれい》余に告げて曰《いわ》く『汝未だ若年、経験積まず、学修まらず。何ぞ汝の身を先達《せんだつ》、老練家の指揮に任せざる。自己の言行を以て最良なるものと見做《みな》すは平凡人のなす処にして、汝が他人の言を容れざるはこれ汝が高慢不遜《こうまんふそん》なるの証拠なり。汝は自己を以て最も才智ある、最も学識ある、最も経験あるものと為すや』と。

　余は余の無学無智なるを知る。又大監督、神学博士の盛名決して軽んずべからざるを知る。しかれども余の無学なるが故に余の身も、信仰も、働きもこれら高名の人の手に任《まか》すべしとならば、余は未《いま》だ自己を支配する能《あた》わざる者なり。余にしてもしこれと彼とを分別《ふんべつ》するの力なきならば、余は誰に由て身を処せんや。見よ彼ら余の不遜《ふそん》を責むるものも、亦相互に説を異にするにあらずや。*監督教会は自己の教会を称して The Church (唯一の教会)といい、一方には羅馬《ロマ》教会の擅行《せんこう》を批難しながら、他方には他の新教徒に附するに分離者《ぶんりしゃ》(Dissenters)とか非国教徒(Nonconformists)とか聞き悪《にく》き名称を以てするに非《あら》ずや。余は*組合派の教師が余が最も尊信する*メソヂスト派の教師を罵詈《ばり》するを耳にせり。ユニテリアンはオルソドックスの迷信を嗤《わら》い、後者は前者の不遜異端《ふそんいたん》を責むるにあらずや。その他*長老派の固陋《ころう》なる、*浸礼派《しんれいは》の独尊なる、或は「*クリスチャン」派とか、*新エルサレム派とか、*ブラダレン派とか、各々その特殊《とくしゅ》の教義を揚言《ようげん》し、自派を賞讃して他派を蔑視《べっし》するにあらずや。博識才能、何ぞ一派の専有物ならんや。余にしてもし自ら自己の信仰を定むる能わずとならば、余は果して何《いず》れの派に己を投ずべきか。カ*ージナル・マニングが天主教会の高僧なりしが故に余は法王の命に従うべきか。監*督ヒーバー、ジ*ーン・スタンレーが英国監督派なりしが故に余は監督教会に属すべきか。ジ*ャドソンが浸礼教会の人なりしが故に余は「バプチスト」たるべきか。リビングストンが長老教会の人なりしが故に余も亦彼と教派を同うすべきか。もし人物を以て余の教会上の位置を定むべしとならば、余はユニテリアンたるべきなり。何となれば、余の最も尊敬するチ*ャニング、ガ*リソン、ロ*ーエルの如き人はユニテリアン教に属したればなり。余はクエーカーたるべきなり。何となればジ*ョージ　フォクス、ウ*ィリヤム・ペン、ス*チーベン・グレレット、ウ*ィスター・モリス等の人々はクエーカー派に属したればなり。余は普通キリスト教徒が論ずるに足らざるものと見做す所の小教派の中にも、靄然《あいぜん》たる君子、淑徳《しゅくとく》の貴婦人を目撃《もくげき》したり。悪魔よ、汝の説教を休《や》めよ。もし余にして善悪を区別し、これを選び彼を捨つるの力を有せざれば、余は他人の奴隷となるべきものなり。心霊の貴重なるはその自立《じりつ》の性にあり。我れ最《い》と小《ちさ》きものなりと雖も、亦全能者と直接の交通を為し得るものなり。神は法王、監督、牧師、神学者輩の手を経ずして直接に余を教え給うなり。

嗚呼真理なる神よ、願くは余をして永久の愛に於て爾と一ならしめよ。余は時々多くの事物に関して読み且《か》つ聞くに倦《う》めり。余の欲する処、望む処は悉く爾に於て存するなり。総《すべ》ての博士らをして黙せしめよ。万物をして爾の前に静かならしめよ。しかして爾のみ余に語れよ。(*トマス・ア・ケムピス)

他人の忠告決して軽んずべきにあらず。人は自身の面《かお》を見る能わざるが如く、社会に於ける己の位置をも能く見る事能わざるべし。一切万事我意《がい》を押通《おしとお》さんとするは、傲慢《ごうまん》頑愚《がんぐ》の徴《ちょう》にして、我らの宜《よろ》しく注意すべき事なり。さればとて自己の意見を以て悉く信《しん》憑《ぴょう》すべからざるものと断念するは、また薄志弱行の徴候なり。茲《ここ》に博士*モズレーの言を聞け。

"It is not partiality to self alone upon which the idea is founded that you see your own cause best. There is an element of reason in this idea; your judgment even appeals to you, that you must grasp most completely yourself what is so near to you, what so intimately relates to you; what by your situation you have had a power of searching into."—Mozley's Sermon on "War".

人は殊更《ことさら》に能くその申分《もうしぶん》を判別し得べしとの観念は、必しも自己に対する偏頗《へんぱ》心《しん》にのみ因るにあらずして、公平なる理由のその中に存するあり。吾人の理性に訴うるも、吾人は吾人に接近せる、吾人に緻密《ちみつ》なる関係を有せる、吾人の位置よりして自由に探究し得る事物《じぶつ》に就ては、吾人自《みずか》ら最も善くこれを会得《えとく》し得べきは明かなり。

（「戦争」と題する説教中博士モズレーの語）

余は日本人なり。故に日本国と日本人とに関しては、余は英国の碩学《せきがく》よりも米国の博士よりも、より完全なる知識を有するものにして、この国とこの民とを教化《きょうか》せんとするに方っては、余は彼らに勝《まさ》りて確実なる思想を有する事は当然たるなり。余はアイヌ人の国に到れば、余のアイヌ人に勝る学識を有するの故を以て、アイヌ人に関するアイヌ人の思想を軽んぜざるなり。余は小径《こみち》を山中に求むる時は、余の地理天文に達し居るの故を以て樵夫《しょうふ》の指揮を軽視《みくだ》さざるなり。余の国と国人とに関して余が外国人の説を悉く容れざるは、必しも余の傲慢《ごうまん》なるが故にあらず。日本は余の生国《しょうこく》にして余の全身はこの国土に繋がるるものなれば、余のこの国に対する感情の他国人のそれに勝るは当然なり。利害の大関係ある余の自国に関する余の観念は、他国人のこの国に対する観念よりも健全にして確実なりと信ずるは、決して自身を賞揚するのはなはだしきものと云うべからざるなり。又余の一身の処分に就ても、余は余自身の事に関しては最大最良の専門学者なり。神の霊ならでは神のことを知るものなし。余の霊のみ能く余のことを知るなり。余の神に対する信仰またしかり。余に最も近く且《かつ》余の最も知り易きものは神なり。哲学者*ライプニッツ曰く

吾人の心霊以外のものにして吾人の直接にこれを識認《しきにん》し得るものは神のみ。吾人が感能《かんのう》を以て知り得る外物はただ間接にのみ能くこれを認め得べし。

余は余の神を知るに於ては、プロテスタント教徒全体が羅馬法王の取次を要せざるが如く、監督又は*「デヤコ」又は牧師又は執事の取次を要せざるなり。

反対論者曰く、もし君の説の如くならば教会の用何処《いずこ》にか存する、人は一箇人として立つ能わざればこそ教会の必要あるに非ずやと。浅薄なる議論なり。見ずや同様なる議論を以て、天主教会は過去千五百年間他のキリスト教徒を責めつつあるにあらずや。同様なる議論を以て*アルビゼンス教徒は殺戮《さつりく》せられ、*セルビタスは焼殺《しょうさつ》せられしにあらずや。教会なるものは神の子供の集合体にして、無私、公平、仁愛、慈悲の凝結《ぎょうけつ》する所なり。真正の信徒ありて教会あるなり。教会ありて信徒あるにあらず。信徒は自然に教会を造るものなり。恰《あたか》も同じ幹より養汁《ようじゅう》を吸収しつつある枝葉は一植物たるが如し。人は真理を知るの力を有し、直に神のインスピレーションに接するを得るものなりとは、余

がキリスト教の根本原理《こんぽんげんり》として信ずる処なり。真理は真理の証明者なり。教会必しも真理の証明者に非ざるなり。教会は真理を学ぶに於て善良なる助《たすけ》なるべけれども、真理は教会外に於ても学び得べきものなり。

"The destruction of the theory of the infallibility of the Bible has been one of the means by which we have been prevented from resting in the external and mechanical, and driven to what terrifies us at first as the intangibility and vagueness of the Spirit."—Rev. J. Llewellyn Davies, in the *Fortnightly Review*, reprinted in the Library Magazine of March, 1888.

聖書無誤謬説《むごびゅうせつ》の破壊は、我らをして外形的並《ならび》に器械的の基礎を捨てしめ、手にて触るる能わざるもの、定義を付する能わざるものとして我らが初め恐怖せし聖霊の土《ど》台《だい》に頼らざるを得ざらしむるものなり。(リューエリン・デビス教師の語)*

教会無誤謬説も聖書無誤謬説と同じく、中古時代の陳腐《ちんぷ》に属せる遺物として、二十世紀の人心より棄却《ききゃく》すべきものなり。

これ理論なり、しかれども世は未だ理論の世にはあらざるなり。愛憎《あいぞう》は理論的にあらず、人は服従を愛して抵抗を憎むものなり。仮令《たとい》余は理論上確実なるにもせよ、余の先輩と説を同うせずその指揮に従わざれば、余はその保護の下に置かれざるは決して怪むべきにあらざるなり。余は教会に捨てられたり。余は余の現世の楽園《らくえん》と頼みし教会より勘当《かんどう》せられたり。

嗚呼神よ、この試錬《しれん》にして余の未だ充分に爾《なんじ》を知らざる時に来りしならば、余は全く爾の手より離れしならん。しかれども爾は余に堪ゆる能わざるの試錬《しれん》を降さず。教会は余が自立し得る時に方《あた》って余を捨てたり。教会が我を捨てし時に爾は我を取り挙げたり。余の愛するもの去って余はますます爾に近く、国人に捨てられて余は爾の懐に入り、教会に捨てられて余は爾の心を知れり。

教会が余を捨てざりし前は、余は教会外の人を見る実に不公平なりき。余は思えらくキリスト教外に善人なしと。余は未信者を以て神の子供と称すべからざるものと思えり。しかるに教会が余を冷遇《れいぐう》し、その教師信徒が余の本心をさえ疑いし時、教会外の人にして却て余の真意を諒察《りょうさつ》するものありしを見て、余は天父の慈悲の尚《な》お多量に未信者社会に存するを悟れり。又教会外に立ちて教会を見る時は、神意の教導に由て歩む仁人君子の集合体と思わるるも、一度その内に入りて見れば猜疑、偽善、佞奸《ねいかん》の存するなきにあらざるを知る。尖塔天を指して高く、風琴楽《がく》を奏して幽《かすか》なる処のみ、神の教会にあらざるを知れり。孝子家計の貧を補《おぎな》わんが為めに寒夜に物を鬻《ひさ》ぐ処、これ神の教会ならずや。貞婦良人の病を苦慮し、東天未《いま》だ白《しら》まざる前に社壇に願《がん》を罩《こ》むる処、これ神の教会ならずや。人あり世の誤解する所となり攻撃四方に起る時、友人ありて独り立って彼を弁ずる処、これ神の教会ならずや。嗚呼神の教会を以て白壁《はくへき》又は赤瓦《せきが》の内に存するものと思いし余の愚さよ。神の教会は宇宙の広きが如く広く、善人の多きが如く多し。余は教会に捨てられたり、しかして余は宇宙の教会に入会せり。余は教会に捨てられて初めて寛《かん》容《よう》の美徳を了知するを得たり。余が小心翼々《しょうしんよくよく》として神と国とに事《つか》えんとする時に当って、余の神学上の説の異なるより教会は余の本心と意志とに疑念を懐《いだ》き、終に余を悪人と見るに至れり。

　嗚呼余は余が他人を審判《さば》きしが如く審判かれたり(マタイ伝七章一、二節)。余も亦教会にありし間は、余の教会外の人を議するに方《あた》ってかくなせしなり。キリスト教を信ぜざるが故に、未信者は皆信用すべからざる者なり、法王に頼むが故に天主教徒は汚穢《おわい》なる豕児《ぶたのこ》(ルーテルの語)なり、露国宣教師に教化されし希臘教徒《ギリシャきょうと》は国賊なり、監督教会は英国が世界を掠奪《りゃくだつ》せんが為の機関にして、その信徒は黄白《こうはく》の為めに使役せらるる探偵なり、長老教会は野心家の集合所なり、メソヂスト教会は不用人物の巣窟《そうくつ》なり、クェーカー派は偽善の結晶体なり、ユニテリアン派は偶像教に勝《まさ》る異端なりと。もし某氏の宗教事業の盛なるを聞けば曰く、彼れ世人に諂《へつら》うが故に彼の教会に聴衆多しと。某氏の学校の隆盛を聞けば曰く、彼れ高貴に媚《こ》ぶるが故に成功したりと。しかれども教会に捨てられてより余の眼は開き、余の推察の情は頓《とみ》に増加せり。所信を異にしても人は善人たるを得べしとの大真理を余はこの時に於て初て学び得たり。真理は余一人の有にあらずして、宇宙に存在する凡《すべ》ての善人の有たることを知れり。心の奥底《おくそこ》より天主教徒たる人を余は想像し得るに至れり。良心の充分の許可を得てユニテリアンたり得ることを余は疑わざるに至れり。余は初めて世界に宗教の多き理由と、同一宗教内に宗派の多く存する理由とを解せり。真理は富士山の壮大なるが如く大なり。一方よりその全体を見る能わざるなり。駿河《するが》より見る人は云う、富士山の形はかくなりと。甲斐《かい》より見る人は云う、かくなりと。相模《さがみ》より見る人は云う、かくなりと。駿河の人は甲斐の人に向て、汝の富士は偽《いつわ》りの富士なりと云うべけんや。もし自ら甲斐に行きてこれを望めば、甲州人の言の無理ならざるを知るべし。人間の力弱きことと真理の無限無窮なる事とを知る人は、思想の為めに他人を迫害せざるなり。全能の神のみ真理の全体を会《え》得《とく》し得るものなり。他人を議する人は己を神と同一視するものにして、傲慢という悪魔の捕虜となりしものなり。己れ人に施されんとする事を亦《また》人にもその如く施せよ。余は無神論者にあらざれど余は無神論者と視られたり。余はユニテリアンならざるにユニテリアンとして遠《とお》ざけられたり。余を迫害せしものは、余の境遇と教育と遺伝とを知らざるが故に、余の思想を解する能わずして、余が彼らと同説を維持《いじ》せざるが故に余を異端となし、悪人となせり。余は今より後、余と説を異にする人を見るにしかせざるべし。欧米人《おうべいじん》が日本人の思想を悉く解し能わざるが如く、日本人も亦欧米人の思想を全く解すること難《かた》かるべし。しかり寛容はキリスト教の美徳なり。寛容ならざるものはキリスト信徒にあらざるなり。

教会に捨てられしものは余一人にあらざるなり。

会堂にありし者これを聞きて大に憤り、起ちてイエスを邑《まち》の外に出し投下《なげおろ》さんとて、その邑の建ちたる崖《がけ》にまで曳《ひ》き往けり。（ルカ伝四章二十八、二十九節）

キリストに依て眼を開かれしものも、教会より放逐せられたり。

彼ら答えて曰いけるは、爾は尽《ことごと》く罪《つみ》孽に生れし者なるに反《かえ》って我儕《われら》を教うるか。遂《つい》に彼を逐《お》い出せり。彼らが逐い出ししことを聞き、イエス尋ねてこれに遇い曰いけるは、爾神の子を信ずるか。答えて曰いけるは、主よ彼として我が信ずべき者は誰なるや。イエス曰けるは、爾すでに彼をみる、今なんじと言《ものい》う者はそれなり。主よ我信ずといいて彼を拝せり。（ヨハネ伝九章三十四―三十八節）
ルーテルも放逐せられたり。*ロージャ・ウィリヤムスも放逐せられたり。リビングストンが直接伝道を止めて地理学探検《たんけん》に従事せしが故に、英国伝道会社の宣教師たるを辞せざるを得ざるに至りし如く、又かの支那に於ける米国宣教師*クロセット氏が普通宣教師と異なる方法を採《と》り、北京の窮民救助に従事せしに因て、終《つい》に本国よりの補給《ほきゅう》を絶たれ、支那海に於て貧困の中に下等船室内に於て死せしが如く、或は師父*ダミエンが生命を抛《なげう》ってモロカイ島の癩病患者を救助し、死して後、彼の声名《せいめい》天下に轟《とどろ》きしや、米国の宣教師にして神学博士なる某が、一書を著してこの殉教者生前《せいぜん》の名誉を破毀《はき》せんとせしが如く、教会に捨てられ、信者に讒謗《ざんぼう》され、悪人視せらるる者は、決して余一人にあらざるなり。

世にくまるるは　　われのみならず、
イエスは我よりも　　いたくせめらる。

しかれども嗚呼神よ、直《ちょく》は全く余に存して曲《きょく》は悉く余を捨てし教会にありとは、余の断じて信ぜざる所なり。余に欠点の多きは爾のしろしめす如くにして、余の言行の不完全なるは余の充分に爾の前に白状《はくじょう》する所なり。故に余は余を捨てし教会を恨《うら》まざるなり。その内に仁人君子の存するありて、その爾の為に尽せし功績《こうせき》の決して鮮少《せんしょう》ならざることは、余の充分に識認《しきにん》する所なり。その内に偽善、圧制、卑陋《ひろう》の多少横行《おうこう》するにもせよ、これ爾の御名を奉ずる教会なれば我何ぞこれを敵視するに忍びんや。余の心、余の祈禱は常にその上にあるなり。余は世にリベラル（寛大）なりと称する人が、自己の如くリベラルならざる人を目して迷信と呼び、狭隘《きょうあい》と称して批難《ひなん》するを見たり。願くは神よ、余に真正のリベラルなる心を与えて、余を放逐せし教会に対しても寛容なるを得しめよ。

余は無教会となりたり。人の手にて造られし教会は、余は今やこれを有するなし。余を慰むる讃美の声なし。余の為めに祝福を祈る牧師なし。しからば余は神を拝し神に近《ちかづ》く為の礼拝堂《れいはいどう》を有せざるか。かの西山に登り、広原沃野を眼下に望み、俗界の上に立つこと千仞《せんじん》、独り無限と交通する時、軟風背後《なんぷうはいご》の松樹《しょうじゅ》に讃歌を弾《だん》じ、頭上《ずじょう》の鷲鷹《しゅうよう》両翼を伸ばして天上の祝福を垂《た》るるあり。夕陽将《せきようまさ》に没せんとし、東山のむらさき、西雲のくれない、共に流水鏡面に映ずる時、独り堤上を歩みながら失《う》せにし聖者と霊交を結ぶに際し、ベ*サイダの岩頭、サ*ン・マルコの高壇、余に無声の説教を聴かしむるあり。激浪《げきろう》岸を打って高く、砂礫白泡《されきはくほう》と共に往来する所、*ベスホーレンの凱歌、*ダムバーの砲声、共に余の勇気を鼓舞するあり。しかり余は無教会にあらざるなり。

しかれども余も社交的の人間として、時には、人為の礼拝堂に集《つど》い衆と共に神を讃《ほ》め共に祈るの快を欲せざるにあらず。教会の危険物たる余は、起ちて余の所感を述べ他を勧むるの自由なければ、余は窃《ひそ》かに座を会堂の一隅灯光暗《くら》き処に占め、心に衆と共に歌ひ、心に衆と共に祈らん。異端の巨魁たる余は、公然高壇の上に立ち粛然《しゅくぜん》福音を宣べ伝うるの特権を有せざれば、余は鰥寡《かんか》孤独《こどく》憂えに沈むもの、或は貧困縷《る》衣《い》にして人目を憚《はばか》るもの、或は罪に恥じて暗処に神の赦免を求むるものの許《もと》を訪い、ナザレのイエスの貧と孤独と恩恵とを語らん。嗚呼神よ、余は教会を去りても爾を去る能わざるなり。教会に捨てらるるは不幸は不幸なるべけれども爾に捨てられざれば足る。願くは教会に捨てられしの故を以て余をして爾を離れざらしめよ。

第四章　事業に失敗せし時

キリスト教は人を真面目《まじめ》になすものなり。青年これに由て既に老成人《ろうせいじん》の思想あり。少女これに由て既に老媼《ろうおん》の注意あり。そはキリスト教は人をして物の実を求めしめて、その影を軽んぜしむるものなればなり。小説の嗜読、芝居の見物は、変じて歴史の攻究、社会の観察となり、野望的《やぼうてき》の功名心は変じて沈着なる事業の計画《けいかく》となり。自己尊大の念は公益増進の志望と変じ、「如何《いか》にしてこの国とこの神とに事《つか》えんか」との問題に就て、日も夜も沈思するに至る。

*"When I was yet a child, no childish play
To me was pleasing; all my mind was set
Serious to learn and know, and thence to do
What might be public good; myself I thought
Born to that end." —Milton, *Paradise Regained.*

人の事業心を喚起《かんき》するものはキリスト教なり。事業と宗教とは自《おのずか》らその性質を異にするものなりとの観念は、普通人間の抱懐《ほうかい》する所なり。事業とは活発なる運動を意味するものにして、宗教とは静粛隠遁《せいしゅくいんとん》を意味するものなるがごとし。余輩《よはい》未だ曽《かつ》て仏教の熱心家にして、教理のために大事業を企《くわだ》てし人あるを聞かず。釈氏《しゃくし》の理想的の人物は、決して事業家にはあらざりしなり。しかれどもキリスト教は世の事業を重んずるのみならず、これを信ずるものをして能く大事業家たるの聖望《せいぼう》を起さしむ。*カーライルの所謂《いわゆる》peasant-saint(農聖人)、即ち手に鋤《すき》を取りながら心に宇宙の大真理を蓄うる人、これキリスト教の理想的人物にして、キリスト亦《また》彼自身も僻村《へきそん》ナザレの一小工なりしなり。

余も亦キリスト信徒となりしより、芝居も寄席も競馬も悉《ことごと》く旧来の味を失い、独り事業という念は頻《しきり》に胸中に勃興《ぼっこう》して殆《ほとん》ど禁ずる能《あた》わざるに至れり。或《あるい》は蘇のリビングストンを学び、彼が「利欲のために商人の通過し得る処、何ぞキリストの愛に励まさるる宣教師の通過し得ざる理あらんや」と云いつつ阿弗利加《アフリカ》大陸を横断《おうだん》せしに倣《なら》い、我も亦新宗教の感動の下に南洋又は北海無人の邦土を探求せんか。或は独の*シュワルツ(Christian Friedrich Schwartz)を学び、未開国の教導師となり、仁愛の基礎の上にその国是《こくぜ》を定めんか。或は英のウィリヤム・ペンを学び、荒蕪《こうぶ》を開き蛮民を化し、純然たる君子国を深林広野の中に建立せんか。或は米のピーボデー*を学び、貧より起りて百万の富を積み、孤を養い、寡を慰め、以《もっ》て大慈善の功績を挙げんか。言うを休めよ、キリスト教に世の快楽なしと。この希望、この計画——嗚呼《ああ》実に余は余の生涯の短きを歎ぜり。事業、事業、国のための事業、神のための事業——嗚呼世に快と称するものの中、何物かこの快楽に優《まさ》るものあらんや。

余は曽て思えらく、自己のために富貴たらんことを祈るは罪なり、神は必ずかくの如き祈禱を受け給わざるべし、名誉を得んがための祈禱も亦しかり、しかれども他を益せんがために祈ることは神の最も歓び給う所にして、かかる祈禱は必ず聴かれ、その事業は必ず成功するに至らんと。依《より》て万事を打捨てて余の神聖なる希望を充たさん事を努めたり。勿論《もちろん》キリスト信徒として、余は世に媚《こ》び高貴に諂《おもね》り以て余の目的を達すべきにあらず。余の頼むべきは神なり、正義なり。

或は車を頼み或は馬を頼みとする者あり、されど我らはわが神エホバの名をとなえん。(詩篇二十篇七節)

この時は実に余に取り最も多望なる、最も愉快なる時なりき。余の前途に妨害なるもののなく、余の心中に失敗なる文字の存するなし。余は宇宙の神を信じ万人の為に大事業を遂げんと欲す。成功必然なり。神在《いま》す間は余の事業の成功せざる理由あるなし。見よ、世の事業家の失敗するは、自己のために計りて栄光の神を信ぜざるに由《よ》る。余はしからず。余の事業は公益のため、神のためなり。もし余にして失敗するならば神は存せざるなり、真理は誤謬なり。

しかるに余の愛する読者よ、余は失敗せり。数年間の企図と祈禱とは画餅《がへい》に帰せり。しかして余の失敗より来りし害は余一人の身に止まらずして、余の庇保《ひほ》の下《もと》にある忠実なる妻、勤勉なる母の上にも来れり。余は世間の嘲弄《ちょうろう》を蒙れり。友人は余の不注意を責め、余の敵は余の不幸を快とせり。悪霊この機に乗じ余に耳語《じご》して曰《いわ》く『汝無智のものよ、方便《ほうべん》は事業成功の秘訣なるを知らざるか。精神のみを以て事業を為し遂げ得べしと一途《いちず》に思いし稚《おさ》な心の憐れさよ。某大事業家を見よ、彼は学校を起すに方《あた》って広く世の賛成を仰ぎ、少しは良心に恥ずる所あるとも、数万の後進を益する事と思えば、意を曲《ま》げ膝を屈し以て莫大の資金を募り得しにあらずや。摂理《せつり》は常に強大なる軍隊と共にありとのナポレオン第一世の語は、実に事業家の標語たるべきものなり。見よ、某牧師は常に正義公道の利益を説くと雖《いえど》も、彼れ自ら会堂を新築し教理を伝播《でんぱ》せんとするや、必ず世の方法を取るにあらずや。正義公道とは天使の国に於《おい》ては実際に行わるべけれども、この人間世界に於ては多少の方略《ほうりゃく》を混合するにあらざれば、決して行わるべきものにあらず。汝今日より少しく大人《おとな》らしくなれ。真理といい愛国というが如き事を重んずる勿《なか》れ。しからずば汝自身失敗に失敗を重ぬるのみならず、罪なき汝の父母妻子も亦、汝と共に悲哀の中に一生を送らざるを得ず。且又《かつまた》汝の益せんとする公衆も、汝の方法を改むるにあらざれば汝より益を得る事なし。汝何ぞ国のため、汝の愛する妻子のために忍ばざる。神は汝より無理の要求を為さず。方略《ほうりゃく》は今の世の必要物なり。方略《ほうりゃく》と虚言とは自ら異る処あり。汝解せしや否や』と。

嗚呼誰かこれ巧みなる論鋒《ろんぽう》に敵するものあらんや。事実は確実《かくじつ》なる結論なり。余は経験に依《より》て正義公道の無効力なるを知れり。悪霊の説諭これ天よりの声ならずや。我らは経験に依てのみ事物の真相《しんそう》を知るを得るなり。しかして経験は余の希望に反せり。過而勿憚改《あやまってあらたむるにはばかるなかれ》。何ぞ公平なる学者として、勇気ある男子として、今日までの迷信を脱し、国のため神のため少しく方略《ほうりゃく》を利用して、前日の失敗を償《つぐな》わざる。

時に声あり内より聞ゆ。その調子《ちょうし》の深遠なる、永遠より響き来るが如し。その威力ある、宇宙の主宰者の声なるが如し。余の全身を震動せしめて曰く『正義は正義なり』と。しかして後粛然《しゅくぜん》たり。

嗚呼如何にすべきや。誰かこの声に抗するものあらんや。しからば斃《たお》るるとも正義を守れとの謂《いい》か。嗚呼余は悟れり余の神よ、正義は事業より大なるものなり。否、正義は大事業にして、正義を守るに勝さる大事業あるなし。人生の目的は事業にあらざるなり。事業は正義に達するの途にして、正義は事業の侍女 handmaid にあらざるなり。教会も学校も政治も殖産《しょくさん》も、正義を学びこれに達する為めの道具なり。現世に於ける事業の目的は事業その者の為めにあらずして、これに従事するもののこれに由りて得る経験、鍛錬、堪忍、愛心にあるなり。キリスト教は事業よりも精神を貴ぶものなり。そは精神は死後永遠まで存するものにして、事業は現世と共に消滅するものなればなり。支那宣教師某四十年間伝道に従事して一人の信徒を得ず、しかれども喜悦以て世を逝《さ》れり。彼は得し処なかりしや。否。師父ザビエー*は東洋に於て百万人以上に洗礼を施《ほどこ》したりと雖も、恐くは現世より得し真結果に至ってはこの無名の一宣教師に及ばざりしならん。嗚呼事業よ、事業よ、幾許の偽善と、卑劣手段と、嫉妬と、争闘とは汝の名に依《より》て惹起されしよ。

嗚呼しかるか。しからば余の失敗せしは必しも余の罪にあらず。亦《また》神の余を見捨て給いし証拠にもあらず。亦余の奮励、余の祈禱の無益なるを示す者にも非《あら》ざるなり。しかり、もし正義が事業の目的ならば、正義を発表するに於て、正義を維持するに於て最も力ありし事業こそ、最も成功せし事業なれ。キリスト教の主義より云えば正義これ成功と云う。正義を守る、これ成功せしなり。正義より戻る、又正義より脱する(仮令《たとい》少しなりとも)、これを失敗と云う。*大廈空《たいかくう》に聳《そび》えて高く、千百の青年その内に集りて隆盛を極むるの学校事業、必しも成功せし事業にあらざるなり。その資金の性質、その設立者の精神は、その成功不成功の標準なり。仁政これを成功せる政治と云う。所謂《いわゆる》政治家の術《じゅつ》を学び、これと和し彼と戦い、これに媚び彼と絶つが如きは、如何に外面上の国威を装《よそお》うにもせよ、これ失敗せる政治なり。*義人は信仰に依りて生くべし。兵器軍艦増加せし故に成功せりと信ずる政治家、教場美にして生徒多きが故に成功せりと信ずる教育家、宏荘なる教会の建築竣《お》えしを以て成功せりと信ずる牧師、帳面上《ちょうめんじょう》洗礼を受けしものの増加せしを以て伝道事業に成功せしと信ずる宣教師——これらは皆肉眼を以て歩むものにして、信仰に依て生くるものにあらざるなり。彼らは玩弄物を玩ぶ小児なり、木石を拝する偶像信者なり、黄金の堆積《たいせき》を楽む守銭奴なり、しかしてキリスト信者にはあらざるなり。*聖アウガスチン曰く「大人の遊戯これを事業と云う」と。嗚呼余も亦《また》余の事業を見ること小児の玩弄物を見るが如くなりき。余はこれに於て、初てキリストの野の試《ここ》

誘《ろみ》の註解を得たり。馬太伝《マタイ》四章に曰く、

さてイエス聖霊《せいれい》に導かれ悪魔に試みられん為に野に往けり。四十日四十夜食うことをせず後うえたり。試むるもの彼に来りて曰いけるは、爾《なんじ》もし神の子ならば命じてこの石をパンと為《せ》よ。イエス答えけるは、人はパンのみにて生くるものにあらず唯《ただ》神の口より出ずる凡《すべて》の言《ことば》に因ると録《しる》されたり。ここに於て悪魔彼を聖き京《みやこ》に携えゆき殿《みや》の頂上《いただき》に立たせて曰いけるは、爾もし神の子ならば己が身を下へ投《な》げよ、蓋《そは》なんじが為に神その使等《つかいたち》に命ぜん、彼ら手にて支え爾が足の石に触れざるようすべしと録《しる》されたり。イエス彼に曰いけるは、主たる爾の神を試むべからずと亦録《しる》せり。悪魔また彼を最高《いとたか》き山に携えゆき、世界の諸国とその栄華《えいが》とを見せて、爾もし俯伏《ひれふ》して我を拝せばこれらを悉《ことごと》くなんじに与うべしと曰う。イエス彼に曰いけるは、サタンよ退け、主たる爾の神を拝しただこれにのみ事《つか》うべしと録されたり。終《つい》に悪魔かれを離れ、天使《てんのつかい》たち来り事う。（一節―十一節）

キリストすでに齢三十に達し、内に省《かえり》み外《そと》に学び、終に世の大救主たるを自覚するに至れり。彼の再従兄《さいじゅうけい》バプテスマのヨハネも亦《また》彼にこの天職あるを認め、神の小羊として彼を公衆に紹介せり。天の父も亦彼の自覚とヨハネの所信とを確《たし》かめん為めに、聖霊を鳩の如く降《くだ》して彼の上にやどらせたり。しかれども如何にしてこの世を救わんか、これキリストを野に往かしめし問題なりき(馬可《マルコ》伝一章十二節「往かしめし」は英語の driveth 希臘語の ek-ballei「強いて逐《お》いやる」の意なり)。

彼れ餓えたり。しかして後、世界億千万の民の食足らずして饑餓に苦しむを推察せり。キリスト思えらく『我は慈善家となりて貧民を救わん。我に土石《どせき》を変じてパンとなすの力あり。億万の空腹立所《たちどころ》に充たし得べし』と。しかれども聖霊彼に告げて曰く『饑餓《きが》を救うは一時の慈善なり。爾の救世事業は永遠にまで達すべきものなれば、億万斤のパンと雖も決してこれを為し得べきにあらず。神の口より出ずる凡ての言こそ真正のパンなれ。爾の天職は世の所謂《いわゆる》慈善事業にあらざるなり』と。

慈善家たるの念を断《た》ち、彼一日聖殿《みや》の頂《いただき》上に登り、眼下に万人の群集するを見し時、悪霊再び彼に耳語《じご》して曰く『爾は爾の思想をこれらの民に伝えんと欲す。しかれども爾はナザレの一平民にして、誰も爾の才能と真価値とを知るものなし。ゆえに爾まず己が身を下に投げよ。さらば衆人爾の技倆《ぎりょう》に驚き、爾に注目するに至らん。民の名望一たび爾に集らば彼らを感化すること掌《たなごころ》を反《かえ》すよりも易し』と。しかれども天よりの声は曰く『真理は虚喝手段《きょかつしゅだん》を以て伝え得べきものにあらず。民の名望に頼って彼等を教化せんとす、これ神を試み己を欺くなり。方便《ほうべん》は救世術としては全く無価値なり』と。

キリストは慈善家たらざるべし。彼は方便《ほうべん》を使用し民の耳目《じもく》を驚かして世を救わざるべし。しかれども彼れ一日高き山に登り、眼下に都府村落の散布《さんぷ》せるを見、国土を神の楽園と為し得べきを思いしや、彼の胸中に浮びし救世の大方策は、彼れ大政治家となりて社会改良を遂《と》げんとするにありき。彼れ思えらく、我に世界を統御するの才能あり、我れ一挙して羅馬人《ローマじん》を放逐し、神の特殊《とくしゅ》の選択にかかる猶太民族《ユダヤみんぞく》を率い、世界を化して一大共和国となし、仁を施し民を撫育《ぶいく》し、以て真正の地上の天国を建立せんと。しかるに彼の良心はこの高尚なる希望をも彼に許さざりき。社会改良事業は正義堂々、主義一歩も譲らざるものの為し遂げ得べきものにあらず。必ず彼に伏しこれを拝し、円転滑脱《えんてんかつだつ》の政策を取らざるを得ず。しかり我は主義にのみ頼《よ》り救世の事業を実行せんのみ。サタンよ退け、汝の巧言《こうげん》を以て我を擾《みだ》す勿れ。我は目前の救助は為し得ずとも、我は国人の知る所とならずして幽陰《ゆういん》の中に世を終るとも、我の事業は事物の上に現われずとも、我は我の神を拝しただこれにのみ事《つか》えんと。キリストの決心茲に於て定まり、生涯の行路彼に指示せられたれば、悪魔は彼を説服《せっぷく》するに由なくして、終《つい》に彼を去り、天使来りて彼に事えたり。

キリストの方向ここに定まりて、彼の生涯は実にこの決定の如くなりき。彼は衆人の饑餓《きが》を充たし得ざりしのみならず、彼の死せんとするや、彼の母をさえその弟子に依託せざるを得ざるに至れり。天下の名望は一として彼に帰するなく、彼は悪人として、神を瀆《けが》すものとして、刑罰に処せられたり。彼は一の教会、一の学校をも建つることなく、事業として見るべきものは僅に十二三人の弟子養成のみなりき。しかれどもこの人こそ世界の救主にして、神の独子、人類の王にあらずや。実にしかり。霊魂を有する人類には事業に勝る事業あるなり。世の事業を以て汲々たる信者は、宜しく事業上に於けるキリストの失敗に注目せざるべからず。

もしキリストにして慈善家たりしならば如何。ジョージ ピーボデー(George Peabody)に勝り、スチーブン・ジラード(Stephen Girard)に勝り、百千万の貧民孤児は彼の救助に与《あずか》りしならん。しかれども、彼がかつて「ヤコブ*の井戸の清水《しみず》を飲むものはまた渇《かわ》かん」とサマリヤの婦人に教えしが如く、彼が曽て五千人*を一時に養いし時多くの人はパンを得んがために彼の跡に附き従いしが如く、永遠かわくことなき水、永遠饑うることなきパンを彼はこの世に与え得ざりしならん。世には貧民に衣食を給《きゅう》するに勝る大慈善あり。エマソン*曰く、人もし我に衣食を給するも、我は何時《いつ》かこれに対して充分なる報《むくい》を為さざるべからず(直接間接に)。我れ受けて後これに依て富まず、亦貧ならず。唯知識上並に道徳上の補助のみ万全の利益なり。

加之《しかのみならず》、もしキリストにして慈善家たりしならば、彼の慈善は彼一代に止まって万世に至らざりしならん。見ずや彼の愛に励まされて、幾多の慈善家が彼の信徒の中に起りしを。*ジョン・ハワード、*サラ・マーチン、*エリザベス・フライ等の監獄改良事業は、全く彼等のキリストに対する報恩心《ほうおんしん》より発せしものにあらずや。*ウィルヤム・ウィルバフォース(William Wilberforce)並《ならび》に*シャフツベリー侯の慈善事業も亦しかり。著者曽《かつ》て米国に在りて、キリスト教国に於ける慈善事業の盛なる、実に東洋仏教国に於て予想だもする能わざる所なるを見たり。救霊上《きゅうれいじょう》善行に価値を置かずして、善行を励ますに最も力ありしものはキリスト教なり。比較上現世は殆ど顧みるに足らざるものと見做《みな》して、現世を救いこれを進歩せしめしに於て最も功ありしものはキリスト教なり。キリストもし慈善家たりしならば、彼の慈善事業は知るべきのみ。

キリストもし名望方便を利用して民を教化せしならば如何。キリスト教は永遠まで人《じん》霊《れい》を救うの潜勢力《せんせいりょく》を有する宗教たり得ずして、仏教の今日あるが如く早く既に衰退《すいたい》時代に入りしならん。方便《ほうべん》必しも明白なる虚偽にあらず。しかれどもキリストの「*否《い》な否な、然《しか》り然り」の大教理は、方便というものの効用《こうよう》を全く否定したり。キリスト信者にして名望家に依て教理を伝えんとするもの、学識爵位を以て下民の尊敬をキリスト教に索《つな》がんとするもの、会堂の荘大を以て信徒を増加せんとするものは、皆キリストの第二の誘惑に陥りしものにして、方便を利用する浅薄なる仏教信徒と大差あるなし。キリスト方便を斥けて彼の信者たるものに真率と正直の真価値を示せり。しかるに彼の信者にしてその事業の速成《そくせい》を願い、塔の頂上《ちょうじょう》より身を投ずる愚と不敬とを学ぶものあるは、実に歎ずべきにあらずや。

キリストもし大政治家たりしならば如何。彼は*シーザアに勝《まさ》り*シャーレマンに勝り、時の羅馬《ローマ》帝国を統一し、奴隷を廃し、税則を定め、*堯舜《ぎょうしゅん》の世、*アウガスタスの黄金時代に勝る楽園国《らくえんこく》を地上に建てしならん。しかれどもこれこの世に於ては、彼の「否な否な、然り然り」の直道《ちょくどう》を以て実行し得べきものにあらず。かの*ピートル大帝は巨人《きょじん》なり、しかれども誰か彼を以て君子仁人となすものあらんや。*フレデリック大王も亦《また》絶世の建国者なり、しかれども誰か彼を以て人類の模範として仰ぐものあらんや。キリストは万世に至るまでこの世を救うべきものなれば、彼は政治家たるべからざりしなり。

想い見る、十八世紀の終に方《あた》って仏蘭西に内乱の起るや、王室は人民の多数と共に天主教を奉じ、加うるに*ギース家の挙《こぞ》ってこれを賛助するあるを以て、新教徒即ち*ヒューゲノー党の苦戦止む時なく、前者に富と権力あり、後者に精神と熱心あり、この時に方ってヒューゲノー党の依て以て頼《たのみ》とせし唯一の人物は、ナバールの*大公ヘンリーなりき。彼れ年若くして武勇に富み、しかも仏王ルイ九世の正胤《せいいん》にして、王位を践《ふ》むべき充分の権利と資格とを有せり。しかれども彼れプロテスタント教徒たるが故にこの栄位に達するを得ず、僅かに微弱なる反対党の大将となり、屢々《しばしば》忠実なる彼の小軍隊を以て敵の大軍を苦しめたり。彼は彼の党を愛し、彼れ亦彼の党に愛せられたり。しかるに一日彼れ心中に思えらく『我れこの党を率《ひき》いて全国に抗し、戦乱止む時なく、国民塗炭《とたん》に苦しむ茲に十数年。我の忠実なる兵卒にして、我の為めに屍《かばね》を戦場に曝《さら》せしものその幾千なるを知らず。我れ何ぞ永くこの悲劇《ひげき》を見るに忍びんや。我もし一歩を譲らば、我の血統、我の名望、必ず我をして仏国を統一せしむるに至らん。その時こそ我はヒューゲノー党に信仰の自由を与え、旧新両教徒を和合せしめ、仏国をして富強幸福なる国となし得べし。我何ぞ我国のため、我忠愛なる士卒のために忍ばざらんや』と。歴史家は言う、仏国百年の計は実にヘンリーのこの決断にかかれりと。

嗚呼かれはこの誘惑《ゆうわく》に打負けたり。彼は仏国のため士卒のために一歩を譲り、天主教徒の請求を容れ、ヒューゲノー党を脱し、羅馬《ローマ》法王に対して罪の懺悔《ざんげ》を為し、終《つい》に仏王として承認《しょうにん》せらるるに至れり。彼の退譲《たいじょう》は彼の胸算《きょうさん》に違わざる結果を生じ、彼の王位は鞏固となり、国内平穏に帰し民皆堵《と》に安んぜり。彼は忠実なるヒューゲノー党を忘れず、*ナントの布令(Edict of Nantes)に依りて信仰自由を天下に令し、新教徒をして政治上殆《ほとん》ど旧教徒と異なる処なからしめたり。彼の治世は仏国の中興として見るべきものなり。殖産事業の進歩、財政の整頓《せいとん》、外国に対する勢威、共にヘンリー王の事績として文明諸国の賞讃する処となれり。しかれども彼の仏国のために尽せしは惟《ただ》一時の治安策《ちあんさく》なりき。かれ死するや、*リシュリヤ、*マザリンの下に仏国は威光を欧洲に輝《かがや》かせしも、これ皆外貌の虚飾《きょしょく》にして、内には止むべからざる腐敗《ふはい》を醸《かも》しつつありしを如何。ルイ十四世に至っては、この虚飾と頽勢《たいせい》その極に達し、ルイ十五世は黄金珠玉《しゅぎょく》に包まれながら、淫縦汚《いんじゅうお》穢《わい》の中に世を終れり。しかしてルイ十六世の代に至りては遂に仏国革命起り、その惨憺たる光景は人の皆知る所なり。ヘンリーは一時を救わんとして毒を千載に流せり。嗚呼もし彼にしてキリストの如く悪魔の巧言を斥けしならば、仏国二百年間の争闘流血を避け得しものを。ヘンリーは仏国を愛してこれを愛せざりしなり。

仏の大王ヘンリーに対して、英の無冠王《むかんおう》*クロムウェルあり。彼も亦《また》権力が精神と相争うのときに生れ、身を民権自由に委ね、英国民の全世界に対する天職を認め、十七世紀の初めに方《あた》ってキリストの王国を地上に来らせんとの大理想を実行せんとせり。百難起りて彼の進路を妨ぐと雖も、かれの確信は毫も動くことなく、終《つい》に不充分ながらも、英国を化して公義と平等《びょうどう》とに基《もとい》する共和国となすに至れり。しかれども英国民は未だ悉く彼れ無冠王《むかんおう》の大理想を有せず、彼の心霊的の政治は肉慾的の普通社会を歓ばさず、反対終に四方に起り、彼はただ独り白殿《ホワイトホール》に天の父のみを友とするに至れり。しかれども彼の理想と信仰とは確乎として動かず、彼は彼の事業の永続すべからざるを知ると雖も、尚《な》お彼の最初の理想に向って進み、内乱再起の徴《ちょう》あるをも顧みず、勝算《しょうさん》全く絶えしにも関せず、終生主義を貫徹して死せり。彼が世を去るや彼の政府は直《ただち》に転覆され、彼の屍《かばね》は発《あば》かれ、彼の名は賤められ、彼の事業は一つとして跡《あと》を留めざるが如きに至れり。世は*チャーレス第二世の柔弱、淫縦、腐敗の世となり、*バトラル、*ドライデン、*クラレンドンの如き狐狸《こり》の輩寵遇《ちょうぐう》を受け、人に*ハムプデンも*ペーンも無冠王《むかんおう》も曽て地上の空気を呼吸せし事なきやの感を起さしめたり。小人は皆云えり、清党《ピュリタン》の事業は全く失敗せりと。しかれども無冠王死して三十年、彼の石碑に未だ青苔《せいたい》だも生ぜざる時に、*スチュアート家は全く跡を絶つに至り、爾来《じらい》真理と自由とが地球回転の度数と共に増進するや、無冠王の理想は徐々に実成されつつあり。クロムウェルありしが故に、英国に十八世紀の革命なかりしなり。仏王ヘンリーの退譲《たいじょう》は仏国民一百年間の堕落と流血とを招き、クロムウェルありしが故に英国民は他欧洲国民に先だつ百年、既に健全なる憲法的自由を有せり。クロムウェルは実に英国を愛せし人なり。

＊楠正成の湊川に於ける戦死は、決して権助《ごんすけ》の縊死《いっし》にあらざりしなり（福沢先生明治初年頃の批評）。南朝は彼の戦死に由て再び起つ能わざるに至れり。彼の事業は失敗せり。しかれども彼れ死して後五百歳、徳川時代の末期に至て、＊蒲生君平《がもうくんぺい》、＊高山彦九郎の輩をして皇室の衰頽《すいたい》を歎ぜしめ勤王の大義を天下に唱《とな》えしめしに於て、最も力ありしものは忠臣楠氏の事蹟にあらずして何ぞや。＊ボヘミヤのフッス将《まさ》に焼殺されんとするや、大声叫んで曰く「我れ死する後千百のフッス起らん」と。一楠氏死して明治の維新に百千の楠公起れり。楠公は実に七度人間に生れて国賊を滅せり。楠公は失敗せざりしなり。キリストの十字架上の恥辱は、実に永遠にまで亘るキリスト教勝利の原動力なり。キリストの失敗は実にキリスト教の成功なりしなり。

しからば余も失敗せしとて何ぞ落胆すべき。何ぞ失敗せしを感謝せざる。義の為めに失敗せしものは、義の王国の土台石《どだいせき》となりしものなり。これ後進者成功の為めに貯えられたる潜勢力《せんせいりょく》なり。我らは後世の為めに善力《ぜんりょく》(Power for Good)を貯蓄しつつあるなり。余は先祖の功に依り安逸放肆《あんいつほうし》に歩む貴族とならんよりは、功を子孫に遺す殉義者《じゅんぎしゃ》とならんことを欲す。

しからば余は余の事業に失敗せしにより絶望家《ぜつぼうか》となり、事業家たるの念を断ちしや。否然《しか》らざるなり。余は今は真正の事業家となりしなり。事業とは形体的《けいたいてき》のものなりとの迷信全く排除せられてより、余は動かすべからざる土台の上に余の事業を建設し始めたり。余の事業の敗《やぶ》られしは、敗るべからざる事業に余の着手せんがためなり。(ヘブル書十二章二十七節)

事業は精神の花なり、果なり。精神より自然に発生せざる事業は、事業にして事業にあらざるなり。汝らまず神の国とその義とを求めよ、しからば事業も亦自然に汝らより出で来るべし。

第五章　貧《ひん》に迫りし時

四百四病のその中に貧ほどつらきものはなし。心は花であらばあれ、深山《みやま》がくれのやつれ衣《ぎ》に誰か思《おもい》を起すべき。＊人間万事金《かね》の世の中。金は力なり、権力なり。金のみは我らに市民権を与う。金なければ学も徳も、人を一市民となすを得ず。この開明を以て称せらるる十九世紀に於《おい》ても亦《また》、金なき人は人にして人にあらざるなり。

我が栄えし時に友人ありしも、我れ貧に迫りてより友なきに至れり。我れ窮せざりし時に我に信用ありしも、我が財嚢《ざいのう》の空しくなると同時に我が言は信ぜられざるに至れり。われ友を訪うも彼れ我を見るを好まず、我れ彼に援助《たすけ》を乞えば嫌悪《けんお》を以て我に対《こた》う。我と共に祈りしもの、我と共に神と国とに事《つか》えんと誓いしもの、我を兄弟と呼びしもの、今は我の貧なるが故に我とは別世界の人となれり。

＊落《おち》ぶれて袖になみだのかかる時

人のこころの奥ぞしらるる

汝貧に迫るまで友を信ずる勿《なか》れ。世の友人は我らの影の如《ごと》し。彼らは我らが日光に歩む間は我らと共なれども、暗所《あんしょ》に至れば我らを離るるものなり。貧より来る苦痛の中に、世の友人に冷遇さるるこれ悲歎の第一とす。

我の貧、我れ独りこれを忍ぶを得ん。しかれども我に依《より》て衣食する我の母、我の妻も、我が貧なるが故に貧を感ぜり。我は我と境遇を同うせる古人の伝を読み以て我が貧を慰め得《う》と雖《いえど》も、彼らは如何《いか》にしてこの鬱《うつ》を散ずるを得べしや。貧より来る苦痛の中に、我父母妻子の貧困を見るこれ悲歎の第二とす。

我は食を求めざるべからず。彼処《かしこ》に到り此処《ここ》を訪《と》い、業にあり就かんと欲する時、我貧なるが故に彼より要求さるる条件多くして、我の受くべき報酬は少く、我は売人《うりて》にして彼は買人《かいて》なれば値段《ねだん》を定むる権は全く彼にあり。我れ不平を唱えて彼の要求を拒めば、我は唯《ただ》我が父母妻子と共に餓死《がし》するのみ。もし餓死する者は我一人ならば、我は我が意を張りて我が膝《ひざ》を屈せざるものを。しかれども今の我は我一人の我にあらず、我を生みしものの為め、我に淑徳《しゅくとく》を立つるものの為め、我は我の尊敬せざる人にも服従せざるを得ず。貧より来る苦痛の中に、食の為めに他人に腰をかがめざるを得ざるこれ悲歎の第三なり。

富足りて徳足るとは、真理にはあらずとするとも確実なる経験なり。奢侈《しゃし》は勿論不徳なり。我れ富みたればとて驕らざるべし。しかれども滋養《じよう》ある食物、清潔なる衣服は、自尊の精神を維持する上に於て少なからざる力を有するものなり。我の最も嫌悪《けんお》する卑《ひ》陋《ろう》なる思想は、貧と共に我が胸中を襲い、我をして外部の敵と戦うと同時に内患《ないかん》に備うるが為めに常に多端《たたん》ならしむ。貧より来る苦痛の中に、心に卑陋なる思想の湧出《ゆうしゅつ》すること。これ悲歎の第四なり。

貧は我をして他人を羨《うらや》ましめ、我を卑屈ならしむると同時に、又《また》我を無愛相《ぶあいそう》なる者(misanthropist)となすものなり。我は集会の場所を忌《い》み、我は交際を避けんと欲す。我が心は益々冷薄頑固となり、靄然《あいぜん》たる君子の風、温雅なる淑女《しゅくじょ》の様《さま》は我れ得んと欲して得る能わず。貧は我を社会より放逐するものなり。貧より来る苦痛の中に、寂寞孤独の念の生ずるこれ悲歎の第五なり。

貧は貧を生ずるものなり。持つものには加えられ、持たざるものは既に持つものをも取去らる。俗に所謂《いわゆる》貧すれば鈍《どん》するとの言は、心理学上の事実にして亦経済学上の原理なり。富者益々《ますます》富めば貧者は愈々《いよいよ》貧なり。貧より来る苦痛の中に、この絶望に沈む、この無限の堕落を感ずるこれ悲歎の第六なり。

嗚呼《ああ》われ如何《いか》にしてこの内外の攻撃に当らんか。貧はこの身に附くものなれば、この身を殺さば貧は絶ゆるなるべし。自殺は羅馬《ローマ》の賢人カトー＊、シセロ＊等の許せし所、貧という無限の苦痛より遁《のが》れんがためには自殺は唯一の方法ならずや。"He that dieth payeth all his debts."（死者は悉《ことごと》く負債《ふさい》を返還す）。我の社会に負う処、我の他人に負う所、我にこれを返却し得るの見込なし。我は死してのみ能くこの負債より脱するを得るにあらずや。言うを休《や》めよ、汝美食美服に飽《あ》く者よ、かの一円に満たざる借銭《しゃくせん》のために、身を水中に投ぜし小婦は痴愚《ちぐ》にして発狂せしなりと。彼女は世に己の貧を訴うるの無益なるを知り、その純白なる小さき心は他人に義理を欠くに忍びずして、彼女は終《つい》に茲《ここ》に至りしなり。

"In she plunged boldly,
No matter how coldly
　The rough river ran—
Picture it—think of it,
Dissolute Man! "—Thomas Hood＊.

しかり、もし宇宙の大真理として、自殺は神に対し己に対しての大罪なりとの教訓の存せざりしならば、貧の病を療治するために我も亦この手段を取りしものを。されども嗚呼我神よ、爾の恵《めぐみ》は我れ死せずして我をこの苦痛より免《まぬか》れ得しむ。爾に依てのみ貧者も自尊心を維持し得べく、卑陋《ひろう》ならずして高尚なるを得るなり。

キリスト教は貧者を慰むるに、仏教の所謂「万物皆空《ばんぶつみなくう》」なる魔睡的《ますいてき》の教義を以てするものに非《あら》ず。キリスト教は世をあきらめしめずして世に勝たしむるものなり。富めると貧なるとは前世の定《さだめ》にあらずして、今世に於ける個人的の境遇なり。貧は身体の疾病《しっぺい》と同じく、これを治《ち》する能わずんば喜んで忍ぶべきものなり。我の貧なる、もし我の怠惰放蕩より出でしものならば、我は今より勤勉節倹を事とし浪費せし富を回復すべきなり。天は自ら助くるものを助く。如何なる放蕩児《ほうとうじ》と雖も、如何なる惰《なま》け者と雖も、一度翻《ひるがえ》りて宇宙の大道に従い、手足を労し額《ひたい》に汗《あせ》せば、天は彼をも見捨てざるなり。貧は運命にあらざれば、我ら手を束《つかね》てこれに甘《あまん》ずべきにあらず。働けよ、働けよ。正直なる仕事は如何に下等なる仕事なりと雖も、決してこれを軽んずる勿れ。何をも為さざるは罪をなしつつあるなり(Doing nothing is doing ill)。人を欺き人を殺すのみが罪にあらざるなり。懶惰《らんだ》も亦《また》罪なり。時を殺すも罪なり。富は祈禱のみに依て来らず。働くは祈るなり

(Laborare est orare)。身と心とを神に任せて熱心に働きて見よ。神も宇宙も汝を助け、汝の労力は実《みの》るべし。

しかれども世には正義の為めの貧なるものなきにあらず。ロバート・サウジー*曰《いわ》く「一人の邪魔者《じゃまもの》の常に我身に附き纏《まと》うあり、その名を称して正直と云う」と。永久の富は正直に由《よ》らざるべからずと雖も、正直は富に導くの捷径《しょうけい》にはあらず。世に清貧なる者のあることは、疑うべからざる事実なり。或は良心の命を重んじ世俗に従わざるが故に、時の社会より放逐せらるるあり。或は直言直行我の傭主《やといぬし》を怒らし、我の業を奪い取らるるあり。或は我思想のこの世の思想と齟齬《そご》するが故に、我に衣食を得るの途塞《ふさ》がるあり。或は貧家に生れて貧なるあり。或は不時の商業上の失敗に遭い、或は天災に罹りて貧に陥《おちい》るあり。即ち自己以外に原因する貧ありて、黽勉《びんべん》も注意も以てこれを取り去る能わざるの場合あり。かくの如くにして貧の我身に迫るあらば、我は勇気と信仰とを以てこれを忍ばんのみ。しかしてキリスト教はこの忍耐を我れに与うるに於て、無上の力を有するものなり。

一、汝貧する時に先《ま》ず世に貧者の多きを思うべし。日本国民四千万人中、壱ケ年三百円以上の収入あるものはわずかに十三万人に過ぎず。即《すなわ》ち戸数百毎に、壱ケ月二十五円以上の収入ある家はわずかに一戸半を数う。百軒の中九十八軒は、壱ケ月二十五円以下の収入あるのみ。しかして来年の計を為し貯蓄《ちょちく》を有するもの幾許《いくばく》かある。来月に備うる貯蓄を有せざるの家何ぞ多きや。人類の過半数は軒端《のきば》に餌を求むる雀の如く、山野に食を探る熊の如く、今日は今日を以て足れりとなし、今日得しものは今日消費し、明日は明日に任せ、日に日に世渡りするものなり。汝の運命は人類大多数の運命なり。肥馬《ひば》に跨《また》がる貴公子を以て普通人間と思う勿れ。彼一人安閑《あんかん》として世を渡り、綺羅《きら》を飾り、美味に飽かん為めには、数千の貧者は汗《あせ》を流して労働しつつあるなり。貧は常にして富は稀なり。汝は普通の人にして、彼貴公子は例外の人なり。一人にして忍び能わざるの困難も、万人共にこれを忍べば忍び易《やす》し。汝は人類の大多数と共に饑餓を感じつつあるなり。

二、古代の英雄にして、智に於ても徳に於ても遥かに汝に勝さりしものが、汝の貧に勝さる貧苦を受けし事を思え。哲学上、神学上、信仰上、功績上、人類の首《かしら》と承認せらるる使徒パウロ、四十年間無私の労働の後に彼の所有に属せしものとては、外衣一枚と古書数巻とのみなりしを思え(テモテ後書四章十三節)。古哲《こてつ》ソクラテスが日に二斤のパンと、雅典城《アテンスじょう》の背後に湧出《ゆうしゅつ》する清水とを以て満足したりしを思え。「これを文天祥《ぶんてんしょう》*の土窖《どこく》に比すれば我が舎は則ち玉堂金屋《ぎょくどうきんおく》なり。塵垢《じんこう》の爪に盈《み》つる、蟣蝨《ぎしつ》の膚《はだ》を侵すも、未《いま》だ我正気に敵するに足らず」と勇みつつ、幽廬《ゆうろ》の中に沈吟せし*藤田東湖《ふじたとうこ》を思え。「道義肝《きも》を貫き、忠義骨髄《こつずい》に塡《み》ち、直ちに須《すべから》く死生の間に談笑すべし」と、悠然として饑餓に対せし*蘇軾《そしょく》を思え。エレミヤを思え。ダニエルを思え。和漢洋の歴史いずれなりとも汝の意に任せて渉《しょう》猟《りょう》し見よ。貧苦に於ける汝の友人は多きこと蒼天の星の如し。

三、イエスキリストの貧を思え。彼は貧家に生れ、口碑《こうひ》の伝うる所に依れば十八歳にして父を失い、爾後死に至るまで大工職《だいくしょく》を業とし父の一家を支えしとなり。「狐《きつね》は穴あり、空の鳥は巣あり、されど人の子は枕する処だもなし」とはキリスト地上の生涯なりき。僕《しもべ》はその主人に優《まさ》る能わず。汝の貧困キリストの貧困にまさるや。彼は貧者の友なりき。「貧しきものは福《さいわい》なり」（ルカ伝六章二十節）との言は彼の口より出でしものなり。貧ならざればキリストを悟り難し。

四、富必しも富ならざるを知れ。富とは心の満足を云うなり。百万円の慾を有する人には五拾万円の富は貧なり。拾円の慾を有する人には弐拾円は富なり。富に二途あり。富を増すにあり、慾を減ずるにあり。汝今は富を増す能わず、しからば汝の慾を減ぜよ。*カーライル謂《い》えるあり、曰く「単数も零《れい》にて除すれば無限なり（$\frac{1}{0}=\infty$）、故に汝の慾心を引下《ひきさ》げて世界の王となれ」と。余は五拾万弗《ドル》の富を有する貴婦人が、貧を懼《おそ》れて縊死せるを聞けり。金満家の内幕は決して平和と喜悦とに充つるものに非ず。神の子の如き義俠《ぎきょう》、天使の如き淑徳《しゅくとく》は、寧《むし》ろ貧家に多くして富家に尠《すくな》し。我らは貧にして巨人たるを得るなり。神が汝に与えし貧という好機会を利用して、汝の徳を高め、汝の家を清めよ。愉快なるホームを造るに風琴《ふうきん》の備附《そなえつけ》、下男下婢《げなんかひ》の雇入《やといいれ》を要せず。もし富を得るの目的は快楽にありとならば、快楽は富なしにも得らるるなり。"My mind to me a kingdom is."*(心ぞ我の王国なれ)。我は貧にして富むことを得るなり。

五、汝今衣食を得るに困《くるし》む。しからば汝も空の鳥、野の百合花の如くなりて、汝の運命を天に任せよ。

この故に我なんじらに告げん、生命《いのち》の為めに何を食い何を飲み、また身体《からだ》の為めになにを衣《き》んと憂慮《おもいわずら》うこと勿れ。生命は糧《かて》より優《まさ》り身体《からだ》は衣よりも優れるものならずや。なんじら天空《そら》の鳥を見よ、稼《まく》ことなく穡《かる》ことを為さず倉に蓄《たくわ》うることなし。しかるに爾曹《なんじら》の天の父はこれを養い給えり。爾曹これよりも大いに勝《すぐ》るるものならずや。爾曹のうち誰か能くおもい煩《わずら》いてその生命《いのち》を寸陰も延べ得んや。また何故に衣のことを思いわずらうや。野の百合花《ゆり》は如何にして長《そだ》つかを思え、労《つと》めず紡《つむ》がざるなり。われ爾曹に告げん、ソロモンの栄華《えいが》の極《きわみ》の時だにもその装《よそお》いこの花の一に及ばざりき。神は今日野に在りて明日炉《ろ》に投げ入れらるる草をも如此《かく》よそわせ給えば況《まし》て爾曹をや。嗚呼信仰うすきものよ。さらば何を食い何を飲み何を衣《き》んとおもいわずらう勿れ。これみな異邦人の求むるものなり。爾曹の天の父は凡《すべ》てこれらのものの必需《なくてならぬ》ことを知りたまえり。爾曹先ず神の国とその義《ただしき》とを求めよ、さらばこれらのものは皆なんじらに加えらるべし。この故に明日のことを憂慮《おもいわずら》うなかれ。明日は明日の事を思いわずらえ。一日の苦労は一日にて足れり。

（マタイ伝六章二十五―三十四節）

ある仏教家この章句を評して曰く、キリスト教は人を怠惰ならしむるものなりと。しかりキリスト教は多くの仏教徒の今日為すが如く、済世《さいせい》を怠りつつ自己の蓄財《ちくざい》に汲々《きゅうきゅう》たるを奨励せざるなり。キリスト教は雀の朝より夕迄忙《いそが》しきが如くに人をして働かしむるものなり。キリスト教は富の為めに人の思慮するを許さず。勿論世に称するキリスト信徒必しも皆、空の鳥、野の百合花《ゆり》の如くにあらず。或者は蟻《あり》の如く取っても取っても溜《た》めつつあり。或者は狐の如く取りしものは皆隠し置き、何時用うるとも知らず、唯《ただ》取るを以て快楽となしつつあり。しかれどもこれキリスト教の本旨にはあらざるなり。汝もし玻璃《ばり》温屋《おんおく》の内にナザレのイエスの弟子ありと聞くとも、汝の心を傷ましむる勿れ。

哲学者カント*云えるあり、曰く「宇宙の法則を以て汝の言行とせよ」と。空の鳥、野の百合花は、この法則に従い居ればこそ何を食い何を飲み何を衣《き》んとて思い煩《わずら》わざるなれ。社会は生存競争のみを以て維持するものにあらざるなり。人は食う為めにのみこの世に来りしにあらざるなり。この地球は神の工場なれば、働《はたら》くものに衣食あるは当然なり。工場の職人は、衣食の事のみを思い煩《わずら》いてはその職を尽し得ざるなり。我も亦この宇宙に生を有し、宇宙の一小部分なれば、我もし天与《てんよ》の位置を守らば宇宙は我を養うべし。エマソン*曰く、

"If the single man plant himself indomitably on his instincts, and there abide, the huge world will come round to him." —*The American Scholar.*

人もしその本能《ほんのう》の示すところに拠《よ》り、その上に屹立《きつりつ》せば、大世界は来りて彼を補翼《ほよく》すべし。

衣食のために思考の殆《ほとん》ど全部を消費する十九世紀の社会も人も、決してキリストの理想にあらざるなり。

六、ゆえに汝餓死の怖れを抱く勿れ。餓死の恐怖《きょうふ》は人生の快楽の大部分を消滅しつつあるなり。ナポレオン大帝言えるあり「食い過ぎて死する者は食い足らずして死するも

のよりも多し」と。人口稠密《ちゅうみつ》なる我国に於てすら、餓死するものとては実に寥々《りょうりょう》たるにあらずや。天の人を恵む実に大なり。毎年八百万石余の米穀は有害無益なる酒類に変化せらるるに関せず、労力の大部分は宴会とやら装飾《そうしょく》とやら遊戯的の事物に消費せらるるに関せず、我らの食糧は尚お足《な》り過ぎて毎年夥多の胃病患者を出すにあらずや。世に最も稀《まれ》なるものは餓死なり。明治二十二年の統計表に依れば、全国に於て途上発病又は饑《き》餓《が》にて死せしものは僅々《きんきん》千四百七十二人なりき（消化器病にて死せしものは二十万五千余人なり）。汝真理の神を拝しその命令に従わんと努むるものが、争《いか》でか餓死し得べけんや。

ダビデ歌うて曰く、

我れむかし年わかくして今老いたれど、義者のすてられ或はその裔《すえ》の糧《かて》乞いあるくを見しことなし（詩篇三十七篇二十五節）

と。余は善人の貧するを聞けり、しかれども未だ神を畏るるものの餓死せしを聞かず。

七、汝心を鎮めて良き日の来るを待て。変り易きは世の習《ならい》なり。しかして幸福なるものに取ては千代も八千代も変《かわ》らぬ世こそ望ましけれども、不幸なるものに取ては変り行く世の中ほど楽しきものはあらざるなり。我の貧は永久まで続くべきにあらず。世の風《ふう》

餓死するの恐怖を捨てよ、汝信仰薄きものよ。

潮《ちょう》の変り来って「我らの時代」とならん時は、我の飢渇《きかつ》より脱する時なり。神はこの世の富に勝《まさ》る心の富を我に賜うが故に、我れ終生貧なるとも忍び得べし。地は善人の為めに造られしものなれば、我れもし善と義を慕《した》うこと切《せつ》ならば、神は必ず我に地の善き物をも与え給うべし。我の今日貧なるは我心の為めにして、われが世の物に優《まさ》りて神と神の真理とを愛せんがためなり。信仰の鍛錬《たんれん》既に足り、肉欲既に減殺《げんさつ》せられ、我れ既に富貴に負《ま》くる憂なきに至って、神は世の宝を我に授け給うなるべし。世に最も憫笑すべきものは、富を有してこれを使用し能わざる人なり。富は神聖なり、故に神聖なる人のみこれを使用し得るなり。我れ貧して「*人不惟以餅生《ひとはただべいをもっていきず》」を知れり。もし富の我に来るあらば、我は富を以て得る能わざる宝を得んがためにこれを使用すべし。我の貧なる、これ我の富まんとするの前兆にあらずや。

八、我に世の知らざる食物あり(ヨハネ伝四章三十二節)。我に永遠《かぎりなく》渇く事なき水あり(同十四節)。人の栄《えい》誉《よ》として、彼は最高《いとたか》きもの即ち神を以てするにあらざれば満足する能わざるなり(*ビクトル・ユーゴの語)。しかして我はこの最上の食物と飲料《のみもの》とを有す。我は実に足れるものにあらずや。如何なる珍味《ちんみ》と雖も純白なる良心に勝るものあらんや。罪より赦されし安心、神を友として持ちし快楽、永遠の希望、聖徒の交際《まじわり》……。我は世の富めるものに問わん、君の錦衣《きんい》、君の荘屋《そうおく》、君の膳《ぜん》の物、君のホーム（もしホームなるものを君も有するならば）はこの高尚、無害、健全なる快楽を君に与うるや否や。医師は言わずや、快楽を以て食すれば麁食《そしょく》も体を養うべけれども、心痛は消化を害し、滋養品《じようひん》もその効を奏する少しと。真理は心の食物なるのみならず、亦身体の食物なり。我の滋養は天より来るなり。浩然《こうぜん》の気は誠《まこと》に実《まこと》に不死の薬なり。貧しきものよ、悦べ、天国は汝のものなればなり。

第六章　不治の病に罹りし時

身体髪膚《しんたいはっぷ》我れこれを父母に受く。鉄石の心臓《しんぞう》、鋼鉄の筋肉《きんにく》、我は神の像《かたち》と精神とを以て世に出でたり。我にアダムの不死の体格なかりしにもせよ、我にアポロの完全均斉《きんせい》なる身体なかりしにもせよ、我の父母より授かりし体は今日我の有するが如《ごと》き体にはあらざりき。我に永生にまで至るの肉体なかりしも、我は能く百年の労働と快楽とに堪ゆる霊の器《うつわ》を有せり。仰いでは千仞《じん》の谷を攀登《よじのぼ》るべし。伏しては双手《そうしゅ》を以て蒼海を渡るべし。鷲《わし》の如き視力能く天涯を洞察《どうさつ》し得べし。虎のごとき聴神経《ちょうしんけい》能く小枝を払う軟風《なんぷう》を判別し得べし。我の胃は消化し能わざる食物あるなく、我の肺は万丈の頂巓《ちょうてん》にあるも我に疲労を感ぜしめず。我醒《さ》むる時は英気《えいき》我に溢《あふ》れて快を絶呼せしめ、我の床に就くや熟睡直に来て無感覚なること丸太《まるた》の如し。山を抜くの力、世を蓋《おお》うの気、我はこれを有せり。しかして今これを有せざるなり。

しかるに今やこの快楽世界も、病める我に取りては一の用あるなし。存在は苦痛の種にして、我の死を望むは労働者が夜の来るを待つが如し。梅花は芳香《ほうこう》を放つも我に益なし。鶯は麗歌《れいか》を奏するも我に感なし。身を立て道を行い名を後世に遺《のこ》すの希望は今は全く我にあるなく、心を尽し力を尽して国と人とを救うの快楽も今は我の有にあらず。詩人*ゲーテ曰《いわ》く Unnutz sein ist Todt sein（不用となるは死せるなり）と。我はいま世に不用なるのみならず、われの存在はかえって世を悩ますなり。我れもし他を救い得ずば、我は他人を煩わさじ。嗚呼《ああ》恵《めぐみ》ある神よ、一日も早く我をしてこの世を終らしめよ。我れ今爾より望む所他にあるなし。死は我に取りては最上の賜物《たまもの》なり。

*如何《いか》なれば艱難《なやみ》に居る者に光《ひかり》を賜い、
心苦《こころくるし》む者に生命《いのち》を賜いしや。
かかるものは死を望むなれども来らず。
これをもとむるは蔵《かく》れたる宝を掘るよりも甚《はなは》だし。
もし墳墓《はか》を尋《たず》ねて獲《え》ば、
大いに喜び楽しむなり。
その道かくれ神に取籠《とりこめ》られおる人に、
如何なれば光明《ひかり》を賜うや。

顧《かえりみ》れば過《すぎ》にし年の我の生涯、我の失敗、我れこれを思えば後悔殆《こうかいほと》ど堪ゆべからざるものあり。嗚呼、夜の来らざりし間に我は我が仕事を終えざりしを悔ゆ。我の過去は砂漠《さばく》なり。無益に浪費《ろうひ》せし年月、思慮なく放棄《ほうき》せし機会、犯せし罪、為さざりし善――我の痛みは肉体のみに止まらざるなり。

＊シオンの戦は酣《たけなわ》なるに、我は用なき兵《つわもの》なれば、独り内に坐して汗馬《かんば》の東西に走るを見、矢叫《やたけび》の声、太鼓の音をただ遠方に聞くに過ぎず。我に世に立つの望み絶えたり。又未来《また》に持ち行くべき善行なし。神はかくの如き不用人間を要し給わず。嗚呼実につまらなき一生にあらずや。

我れ絶望に沈まんとする時、永遠の希望は又我に力づくるなり。キリストは希望の無《む》尽蔵《じんぞう》なるが如し。彼に依てのみ枯木《こぼく》も再び芽《め》を出すべく、砂漠《さばく》も花を生じ得べし。預言者エゼキエルの見し枯《か》れたる骨の蘇生《そせい》は(以西結書三十七章)我らの目撃する事実なり。不治《ふち》の病に罹《かか》りし時の失望は二つなり。即ち、我は再び快復し能わざるべしと、また我は今は癈人《はいじん》なれば世に用なきものとなれりと。

一、汝如何にして汝の病の不治なるを知るや。名医既に汝に不治の宣告を申渡《もうしわた》したるが故に汝は不治と決せしか。されども汝は不治と称せし病の全癒《ぜんゆ》せし例の多くあるを知らざるや。十九世紀の医学は人間と云う奇蹟的小天地《きせきてきしょうてんち》を悉《ことごと》く究め尽せしものと思うや。近来の医学の進歩は実に驚くべし。しかれども医者は造物主にあらざるなり。時計師のみ能く悉く時計の構造を知る。神のみ能く悉く汝の体《からだ》を知るなり。生気は天地に充ち満ちて、常に腐敗と分解とを止めつつあり。医師悉く我を捨てなば我は医師の医師なる天地の造主に行かん。彼に人智の及ばざる治療法と薬品とあり。生命は彼より来るものなれば、我は直に生命の泉に到って飲まん。

医学の進歩と同時に人類が医学を過信《かしん》するに至り、医学の及ばざるを以て人力も神力《しんりょく》も及ばざる処と見做《みな》すに至りしは、実に人類の大損失《だいそんしつ》と云わざるべからず。我ら勿論《もちろん》旧記に載するが如き奇蹟的治療の今日尚《なお》存することを信ぜず。屋根より落ちて骨を挫《くじ》きし時、医師に行かずして祈禱に頼るは愚なり、不信仰なり。神は熱病を癒《いや》さんが為めに、*キナイン剤を我らに与え給えり。人これあるを知りてこれを用いざるは愚なり。外科手術を受くるに当り、コロロホルム剤は天賜《てんし》の魔睡剤《ますいざい》なれば、感謝してこれを受くべきなり。しかれども我ら病める時に悉く医者と薬品とに頼《たよ》るは、我らの為すべからざることなり。我ら病重き時は庸医《ようい》を去って名医に行くがごとく、名医も尚我らを医《いや》す能ざる時は神なる最上の医師に至るなり。庸医が我の病は不治なりと診断する時に我は絶望に沈むべきや。否しからず。名医の診断が庸医《ようい》の診断の全く誤謬《ごびゅう》なるを示すことあるが如く、全能の神より見給う時は、不治と称せらるる汝の病も亦《また》治し難きの病にはあらざるべし。

世に信仰治療法なるものあり、即ち医薬を用いず全く衛生と祈禱《きとう》とに由りて病を治《ち》する法を云う。我らは或一派の信仰治療者の云うが如く、医師は悪鬼の使者にして薬品は悪魔の供する毒物なりと云わず。しかれども信仰は難病治療法として莫大《ばくだい》の実効ある事を疑わず。勿論我らの称する信仰治療法なるものは、かの偶像崇拝者《ぐうぞうすうはいしゃ》が医薬を軽んじて神仏に祈願し、或は霊水《れいすい》を飲むの類を云うにあらず。信仰治療法は身体を自然の造主とその法則とに任せ、怡然として心に安んじ、宇宙に存在する霊気をして我の身体を平常体に復さしむるにあり。これ迷信にあらずして学術的真理なり。殊に医師の称する不治の病に罹《かか》るに至っては、唯この治療法の頼《たよ》るべきあるのみ。我は我病を治せんがために方便《ほうべん》として信仰せず。これ真正の信仰にあらざればなり。かくの如きの信仰治療法は無益なり。しかれども我れ信ぜざるを得ざれば信ずるなり。見よ下等動物の傷痍《きず》を医すに於て、自然療法の如何に速かにして実効多きを。清浄なる空気に勝る強壮剤あるなく、水晶の如き清水に勝る解熱剤《げねつざい》あるなし。殊に平安なる精神は最上の回復剤《かいふくざい》なるを知るべし。常識に依る信仰治療法は、病体を試験物視する医師の治療法に優《まさ》る数等なるを知れ。

二、汝癈人《はいじん》となりたればとて絶望せんとす。嗚呼しからば汝の宗教も亦、多数のキリスト信徒並《ならび》に異教信徒の宗教と同じく事業教なり。汝も亦人類の大多数とともに、事業を以て汝の最大目的となすものなり。事業は人間の最大快楽なり。しかれどもこの快楽を得る能わずとて失望落胆《しつぼうらくたん》するは、汝が未だ事業に優《まさ》る快楽あるを知らざるに由るなり。キリスト教は他の宗教に勝りて事業を奨励すと雖《いえど》も、その目的は事業にあらざるなり。キリストは汝が大事業家たらんが為に、十字架上に汝の為に生命《いのち》を捨てしに非《あら》ず。彼の目的は汝の霊魂を救わんとするにあり。もし世の快楽が汝を神に帰らしむるの妨害《ぼうがい》となるならば、神はこの快楽をも汝より取り去り給うべし。神は汝の身体《からだ》と事業とに勝《まさ》りて汝の霊魂を愛し給うなり。汝の事業のもし汝の心を神より遠ざくるあれば、神はこの事業という誘惑を汝より取除《とりの》け給うなり。人は偶像を崇拝するのみならず、又自己の事業を崇拝するものなり。

　＊なんじは祭物《そなえもの》をこのみ給わず。
　もししからずは我れこれをささげん。
　なんじまた燔祭《はんさい》をも悦びたまわず。

神のもとめたもう祭物《そなえもの》は砕《くだ》けたる霊魂《たましい》なり。

神よ汝は砕けたる悔いし心を藐《かろ》しめ給うまじ。

事業とは我らが神にささぐる感謝の献げ物なり。しかれども神は事業に勝《まさ》る献げ物を我らより要求し給うなり。これ即ち砕《くだ》けたる心、小児のごとき心、有の儘《まま》の心なり。汝今事業を神にささぐる能わず、故に汝の心をささげよ。神の汝を病ましむる多分この為めならん。汝はベタニヤのマルタの心を以てキリストに事《つか》えんと欲し「供給《もてなし》のこと多くして心いりみだれ」(ルカ伝十章四十節)たるなるべし。故に神は汝にマリヤの心を与えんが為めに汝をして働き得ざらしめたり。

手にものもたで　十字架にすがる*

とは汝の常に歌いし処にして、その深遠なる意義を知らんが為めに、汝は今働くこと能わざるものとなれり。

我のこの世につかわされしは、*
わが意を世に張るためならで、
神の恵《めぐみ》をうけんため、

その聖旨《みむね》をば遂《と》げんためなり。

なみだの谷や笑《えみ》の園《その》、
かなしみは来《こ》ん喜びと、
よろこび受けんふたつとも、
神のみこころならばこそ。

勇者《ゆうしゃ》のたけき力をも、
教師のもゆる雄弁《ゆうべん》も、
われ望まぬにあらねども、
みむねの儘《まま》にあるには如《し》かじ。

弱きこの身はいかにして、
その務《つと》めをば果《は》つべきや、
われは知らねど神はしる、

神に頼《よ》る身の無益ならぬを。

小なるつとめ小ならず、
世を蓋《おお》うとても大ならず、
小はわが意をなすにあり、
大はみむねに頼《よ》るにあり。

わが手を取れよわが神よ、
我行くみちを導けよ、
われの目的《めあて》は聖旨《みむね》をば、
為すか忍ぶにあるなれば。

三、汝手足を労する能わず、故に世に為す事なしと言うか。汝高壇《こうだん》に立ちて説教する能わず、ゆえに福音を他に伝うる能わずと言うか。汝筆を執って汝の意見を発表する能わず、故に汝は世を感化するの力を有せずと言うか。汝病床にあるが故に汝のこの世に存するは無用なりと言うか。嗚呼しからば汝は、戦場に出でざる兵卒は無用なりと言うなり。山奥《やまおく》に咲く蘭《らん》は無用なりと言うなり。海底に生茂《おいしげ》る珊瑚《さんご》は無用なりと言うなり。かの岩間に咲く蓮馨花《さくらそう》は、人に見えざるがゆえに紅衣《こうい》を以て身を装《よそお》わざるか。年々歳々人知れずして香《こう》を砂漠の風に放ち、色を無覚《むかく》の岩石に寄する花何ぞ多きや。神は人目の達せざる病床の中に、神に依て霊化されたる天使の形を隠し置き給うなり。静粛なる汝の温顔に現《あら》わるる忍耐より来る汝の微笑は、千百の説教に勝りて力あるものなり。凹《くぼ》みたる汝の眼中に浮ぶ推察の涙一滴は、万人の同情に勝る貴きものなり。瘦《や》せとがりたる汝の手を以て握手せらるる時は、天使の愛を我らが感受する時なり。われ未だ我が眼を以て天使を見しことなし。しかれども我の愛せしものが病床にありし時、大理石の如き容貌《ようぼう》、鈴虫《すずむし》の音《ね》のごとき声、朝露《あさつゆ》の如き涙——彼れもし天使にあらざれば何を以て天使を描《えが》かんや。我はかくの如きものが終生病より起つ能わずして我が傍《かたわら》にあるとも、決して苦痛を感ぜざるべし。彼は日々我の慰藉《いしゃ》なり。我を清め、我を高め、我をして天使が我を守るの感あらしむるものなり。汝もし天使を拝せんとならば、往きて病に臥する貞淑の婦人を見よ。彼は今生《こんじょう》に於て、既に霊化して天使となりしものなり。

四、汝また快楽を有せずと言う勿れ。汝の愛するもの汝と共にあり、これ大なる快楽ならずや。汝の病弱と忍耐とは、汝の強壮なる時に勝りて汝を愛らしきものとなせり。愛せらるるは今は汝の特権なり。汝力なきものとして愛せられよ。愛せらるるを拒むは汝他を悩《なや》ますなり。汝の愛するものは汝の愛せられんことを望むなり。世に病者の存する理由は、世に愛せらるるもののあらんが為めならん。人は弱きものを愛して、自己の強きを感ずるものなり。我は愛せらるるよりも愛することを欲す。汝我の為めに我に愛せられよ。しかして我が汝を愛するに依て汝より受くる所の、喜悦と感謝とを以て汝の快楽とせよ。

汝もし尚お普通の感覚を有するあれば、無限の快楽の尚お未だ汝と共に存するあり。山野《さんや》にさまよい自然と交通して自然の神と交わるは、今汝の能わざる所、紳士淑女と一堂に集《つど》い思想を交換《こうかん》し事業を画《かく》するは、今汝の及ばざる所なり。しかれどももし汝にして四十八文字を解するを得ば、聖書なる世界文学の汝と共に存するあり、以て汝を励まし汝を泣かしむべし。以て汝の為めに恋歌《れんか》を供し（ソロモンの雅歌）、汝の為めに軍談を述ぶべし（約書亜記士師記等）。或は貞操美談あり（路得記）。慷慨歌あり（耶利米亜記等）。汝の渾《すべ》ての感情に訴え、喜怒哀楽の情かわるがわる起り、汝をして少しも倦怠《けんたい》する事なからしむ。汝聖書を楽読せよ。

しかれどももし読書は汝の堪ゆる所にあらずとならば、他の快楽の尚お汝のために備えらるるあり。即ち心を鎮めて神の摂理《せつり》を思い見よ。神は人を造り彼に罪を犯すの自由を与えて、又彼を救うの術を設け給えり。救済《きゅうさい》の目的としてこの世界と汝の一生とを考え見よ。如何なる脚本《きゃくほん》かこれに勝るの悲劇喜劇を載《の》する者あらんや。摂理《せつり》の戯曲《ぎきょく》(Romance of Providence)を読むものは、パウロとともに絶叫せざるを得ず。

　ああ神の智と識の富は深いかな。その法度《さだめ》は測《はか》り難く、その踪跡《みち》は索《たず》ね難し。孰《たれ》か主の心を知りし。孰《たれ》か彼とともに議することを為せしや。孰《たれ》か先ずかれに施《あた》えてその報《むくい》を受けんや。そは万物《よろずのもの》は彼より出で、かれに倚《よ》り、かれに帰ればなり。願くは世々栄《ほまれ》神にあれ。アーメン。（羅馬《ロマ》書十一章三十三節―三十六節）

　僧*アンソニー曽《かつ》て書を盲人某に送って曰く、

　君願くは肉眼の視力欠乏《けつぼう》の故を以て君の心を苦しむる勿れ。これ蠅《はえ》も蚊《か》も有するものなればなり。ただ喜べよ、君は天使の有する眼を有するが故に神を視るを得、神の光を受くべければなり

と。動物的の汝は病めり。しかれども天使的の汝は健全なるを得るなり。汝動物的の快楽を去り、天使的の快楽を取れよ。

　また病むものは汝一人ならざるを知れ。人類は一秒時間に一人ずつの割合を以て、呼《い》

吸《き》を引き取りつつあるを思え。一ケ年に八十万人ずつ日本人は墓に葬《ほうむ》らるるを知れ。全国にある四万人以上の医師は、平均一日五人以上の患者を診察しつつあるを覚《おぼ》えよ。しかのみならず少しも病を感ぜざる人とては、千人中一人もあらざるを知れ。実に人類全体は病みつつあるなり。人類はアダムの罪に由て死刑を宣告されしものなり(如何なる神学上の学説より見るも)。しかして第*二のアダムより霊の賜物《たまもの》を得しもののみ、真正の生命を有するものなり。汝は人類全体と共に病みつつあるなり。汝の苦痛に依て、心霊《しんれい》を有する世界人民十六億万人の苦痛を想い見よ。

汝を哺育《ほいく》せし汝の母も、汝の如き苦痛を忍んで眠れり。汝よりも齢《よわい》少なき汝の妹も、能くその両親の言を聞き分けて、つぶやく事なくして眼を閉じたり。汝独り忍び得ざるの理あらんや。神はその独子《ひとりご》をして人間の受くべき最大の苦痛を受けしめ給えり。神は愛する程その子を苦しめ給うが如し。汝の苦しめらるるは、汝が神に愛せらるるの証なり。忍びて試誘《こころみ》を受くる者は福《さいわい》なり。蓋《そ》はこころみを経て善《よし》とせらるる時は生命の冕《かんむり》を受くべければなり。この冕は主おのれを愛するものに約束し給いし所のものなり(ヤコブ書一章十二節)。

来らんとする来世の観念は汝を慰むるや否《いな》やを知らず。今これを汝に説く、却《かえっ》て汝を傷《いた》ましむることあらんを恐る。しかれども世界の大偉人、大聖人の希望と慰めとは、多くは来世存在の信仰にありき。ソクラテスは霊魂不滅《れいこんふめつ》について論究しつつ死せり。*老牧師ロビンソン、医師より病危篤の宣告を受くるや、彼の友人に告げて曰く「死とはかくも平易なる者なるか」と。*スウィーデンボルグ将に死せんとするや、友人彼の心中の様を問う。彼答えて曰く「幼時老母の家を訪《と》わんとする時の喜悦《よろこび》あり」と。ビクトル・ユーゴは仏国の詩人にして小説家なり。彼の鉄筆は欧洲を震動《しんどう》せしめ、彼の筆誅《ひっちゅう》に罹りし高慢《こうまん》なる宗教家と政治家は、彼を虚無党《きょむとう》と称し、無神論者と見做したり。彼れ歳八十にして尚お壮年の希望あり。一日彼の未来存在に関する信仰を表白して曰く、

　余は余に未来の生命の存するを感ず。余は切り倒されたる林の木の如し。新鮮《しんせん》なる萌芽《ほうが》は愈々《ますます》強く愈々活潑に、断株《きりかぶ》より発生するを見る。余は天上に向って登りつつあるを知る。日光は余の頭上《ずじょう》を輝《てら》せり。地は今尚おその養汁《ようじゅう》を以て余を養えども、天は余の未だ識らざる世界(天国)の光線を以て余を輝《てら》せり。人は言う、霊魂とは存せざるものにして唯《ただ》体力の結果なりと。しからば何故に余の体力の衰うると同時に、余の霊魂は益々光輝を加うるや。厳冬余の頭上に宿るに、余の心は永久の春の如し。……我れ我生涯の終りに近づくに及んで、他界の美音《びおん》の益々明瞭に我が耳に達す

るを覚《おぼ》ゆ。その声は驚くべくして又単純なり。雅歌の如くにして歴史様の事実なり。余は半百年間散文《さんぶん》に、詩文に、歴史に、哲学に、戯曲《ぎきょく》に、落首《らくしゅ》に余の思想を発表したり。しかして尚お余の心に存する千分の一をだも言い尽さざるを知る。余は墓に入る時、余は一日の業を終えたりと言うと雖も、余の一生を終えたりと言う能わず。余の仕事は明朝また再び始まらんとす。墓とは道路の行詰《ゆきづま》りにあらずして、他界に達する通り道なり、曙《あけぼの》に至る昧爽《あけぐち》なり。

余はこの世に存する間は働くなり。この世は余の本国なればなり。余の事業は始めかけたり。余の築かんとする塔《とう》は、漸《ようや》くその土台石の据附《すえつけ》を終えたり。その竣工《しゅんこう》は永久の仕事なり。余が永遠《えいえん》を渇望するは余が限りなき生を有する証拠なりと。この人にしてこの言あり。霊魂不滅《れいこんふめつ》はキリスト教の教義のみにあらざるなり。

メソヂスト派の始祖ジョン・ウェスレー*死するの前日、彼れ友人に向い数回繰返して曰く「何よりも善き事は神我らと共に在《いま》す事なり」と。神は万物の霊たる人間の有するものの中にて最も善なる、最も貴きものなり。神は財産に勝《まさ》り、身体の健康に勝り、妻子に勝りたる我らの所有物なり。富は盗まるるの懼《おそれ》と浪費さるるの心配あり。国も教会も友人も我を捨てん。事業は我を高ぶらしめ、この肉体も亦我はこれを失わざるを得ず。

しかれども永遠より永遠に至るまで我の所有し得べきものは神なり。人の尊き、彼は最《い》と高き神より以下のものを以て満足する能わざるなり。

そは或は死、或は生《せい》、或は天使、あるいは執政《つかさ》、あるいは有能《ちからあるもの》、あるいは今ある者、あるいは後あらん者、或は高き或は深き、また他の受造者《つくられしもの》は、我《われ》らを我主イエスキリストに頼《よ》れる神の愛より絶《はな》らすること能わざるものなるを我は信ぜり。

（羅馬《ロマ》書八章）

汝神を有す、又何をか要せん。

不治の病怖《おそ》るるに足らず。快復の望尚お存するあり。これに耐《た》ゆるの慰めと快楽とあり。生命《いのち》に勝る宝と希望《のぞみ》とを汝の有するあり。又病中の天職あるなり。汝は絶望すべきにあらざるなり。

キリスト信徒のなぐさめ　終

注

＊「全集」とあるのは『内村鑑三全集』第二版、岩波書店、二〇〇一年。

自　序

7 **摂津中津川**　当時、内村は大阪中之島にあった泰西学館の教員をしていて、手紙の住所によると大阪府西成区曽根崎村番外地三十五番地に居住していた。

改版に附する序

9 **M・C・ハリス**　Harris, Merriman Colbert. 1846–1921. アメリカのメソジスト監督教会(美以教会)宣教師。一八七三年来日し、函館に伝道中の一八七八年、札幌で札幌農学校在学中の内村鑑三らに授洗。一時、帰国するが、一九〇四年、日本および韓国の同教会監督として再着任。妻のフローラ(Flora)とともに日本、アメリカの双方において内村と親交を結んだ。

回顧三十年

12 **『護教』** 日本メソジスト教会三派の機関紙として一八九一年に創刊された週刊新聞。

〃 **山路愛山** 1865-1917. 評論家。一八八九年、東洋英和学校在学中、教員内村に接する。一八九一年、前掲した『護教』の主筆となる。一八九九年、『信濃毎日新聞』主筆。一九〇三年、『独立評論』を創刊。

13 **東京市外柏木** 内村は一九〇七年一一月から東京府下豊多摩郡淀橋町柏木九一九番地に移転。

第一章

21 **モナドナック** Monadnock. アメリカのニューハンプシャー州にある九六五メートルの山。一八八七年の夏、内村は同州に住む友人を訪ねている。

〃 **コトパキシ** Cotopaxi. エクアドル中央部のアンデス山脈にある五八九七メートルの活火山。内村は、一八八八年三月、アメリカから帰国の途次、パナマ港に立ち寄っている。

23 **シャロンの薔薇** シャロンはイスラエルの地中海に面した平原。旧約聖書雅歌二章一節に「シャロンの野花、谷の百合花」と称された。

〃 **レバノンの常盤樹** レバノンを南北に連なる山中には建材に適した常緑樹が育っていた(旧約聖書イザヤ書二章一三節ほか)。

〃 **三十年戦争** 一六一八―四八年の間、神聖ローマ帝国内のドイツに起こったカトリックとプロテスタント間の宗教戦争。

24 **Life mocks the idle hate……**　ブライアント(Bryant, William Cullen. 1794-1878)の 'A Forest Hymn' と題された詩の一節。内村はのちに「生物学者を葬るの辞　四月五日故農学士木村徳蔵氏の葬儀にて述ぶ」(全集三一)で本詩を引用し「生は其大敵なる死の意味なき悪《にくみ》を嘲り、彼が座する座位《くらゐ》に坐し、墓を足下に踏《ふま》へ、此青白き敵より得たる獲物を以つて己が成長を計る為の営養となす」と訳している。

〃 **Love does dream, Faith does trust**　Love will dream, Faith will trust となっている資料もある。

25 **ホイッチャー**　Whittier, John Greenleaf. 1807-92. アメリカの詩人。

29 **東台の桜**　東台は上野。

30 **ボゴタの青玉**　コロンビアのボゴタ産の青玉。

〃 **オフルの黄金**　オフルはアラビアの南西地方とされる金の産地。

〃 **髪を辮み……**　新約聖書ペテロ前書三章三節。

32 **パマカスなる人が妻ポーリナを失いし時、聖ジェロームが……**　「聖ジェローム」はヒエロニムス、その書翰集(Letter66)に収められている話。

第二章

38 **Vox populi est vox dei**　ラテン語で「民の声はカミの声」の意。

〃 シピオ・アフリカナス　Africanus, Publius Cornelius Scipio. 236–183 B. C. ローマの軍人政治家。前二〇二年、カルタゴの将軍ハンニバルをザマの戦いで破ったことで知られる。

〃 ダンテ・アリギエーリ　Dante Alighieri. 1265–1321. イタリアの詩人、政治家。『神曲』の作者。フィレンツェの行政長官になったが、晩年は追放されて異郷ラヴェンナで死去。

39 第三の天　新約聖書コリント後書によるとパウロは「第三の天」に昇った人を知っているという。

41 詩人リヒテル　Richter, Jean Paul Friedrich. 1763–1825. ドイツの詩人、作家。

〃 エレミヤの慨歌　旧約聖書のエレミヤ哀歌。

〃 フムボルト　Humboldt, Alexander Freiherr von. 1769–1859. 博物学者。内村はアマスト大学在学中、ホリヨーク山に登っていた。

43 天地の正気の鍾まるあり　文天祥の「正気の歌」の一部。藤田東湖に「文天祥正気の歌」があり、内村の「初夢」(全集一四)にも影響している。

第三章

47 北地僻幽の教会　一八八一年に内村たちが札幌に設立した教会。

50 ユニテリアン　uniterian. カミとキリストと聖霊との三位一体を認めず、キリストを倫理的なモデルとみる。

〃 ヒクサイト　Hichsite. キリスト教のクエーカー教徒であったヒックス(Hicks, Elias. 1748–1830)

は、キリストの神性を否定して同派から排斥された。

51 ヒューム　Hume, David. 1711-76. イギリスの哲学者。宗教に対しては理神論を主張。

〃 ボーリンブローク　Bolingbroke, Henry. 1678-1751. イギリスの政治哲学者。理神論の立場により国教会から批判された。

〃 ギボン　Gibbon, Edward. 1737-94. イギリスの歴史家。キリスト教に関しては合理主義の立場。

〃 インガーソル　Ingersoll, Robert Green. 1833-99. アメリカの政治家。不可知論者としてキリスト教を批判。

〃 ジョン・スチュアト・ミル　Mill, John Stuart. 1806-73. イギリスの哲学者。宗教に関しては『宗教三論』(*Three essays on religion*)にみられるように功利主義的な見方。

〃 トマス・ペーン　Paine, Thomas. 1737-1809. イギリスの政治思想家、アメリカの独立宣言、フランスの人権宣言を支持。啓示宗教の批判者。

53 **With one voice,……**　イギリス出身(のちアメリカに渡る)の小説家 Amelia Edith Huddleston Barr(1831-1919)の自伝(1913)の一節。

54 監督教会　イギリス国教会。現在の日本では「監督」に代わり「主教」と称している。

〃 組合派　Congregational Church. 教会の信徒による自治を重視。信教の自由を求めてイギリスからアメリカに渡った清教徒(puritan)に起源をもつ。

〃 メソヂスト派　イギリス国教会においてウェスレー(Wesley, John. 1703-91)によって始められた信仰復興運動。のち、国教会から独立。規則正しい生活方法(method)を重視したことからメソジストと称された。

〃 **長老派** ツヴィングリ、カルヴァンの流れをくむプロテスタントの教派で改革派教会の別名。牧師と信徒の代表からなる長老会により教会運営をはかる。

〃 **浸礼派** バプテスト派。浸礼によるバプテスマを重視。

〃 **「クリスチャン」派** アメリカのエディ(Eddy, Mary Baker. 1821-1910)により一八七九年に始められたクリスチャン・サイエンス派。キリストによる罪とともに肉体の癒やしを重視する。

〃 **新エルサレム派** スウェーデンのスヴェーデンボルグ(Swedenborg, Emanuel. 1688-1772)の神秘体験にもとづくキリスト教。伝統的な三位一体説に対して知恵と愛と活動との三位一体を主張。

〃 **ブラダレン派** ブレズレン派。一八三一年にウイグラム(Wigram, George)とニュートン(Newton, Benjamin Wills)によってイギリスのプリマスで組織。教職制度および教派組織に批判的。

55 **カージナル・マニング** Manning, Henry Edward. 1808-92. イギリスの国教会からカトリックに転じ枢機卿に就く。

〃 **監督ヒーバー** Heber, Reginald. 1783-1826. イギリス国教会の主教。賛美歌作者。日本語の賛美歌「北のはてなる」は札幌農学校時代の内村ら信徒に愛唱された。

〃 **ジーン・スタンレー** Stanley, Arthur Penrhyn. 1815-81. イギリス国教会の神学者。オックスフォード大学教授でウェストミンスター大聖堂の参事会長をつとめた。「ジーン」はdeanで首席司祭。

〃 **ジャドソン**　Judson, Adoniram. 1788–1850. アメリカのバプテスト派宣教師でインドおよびビルマ(今のミャンマー)で伝道。聖書のビルマ語訳を作成。

〃 **チャニング**　Channing, William Ellery. 1780–1842. アメリカのユニテリアン派の神学者。同国のユニテリアン協会を結成。

〃 **ガリソン**　Garrison, William Lloyd. 1805–79. アメリカの奴隷解放運動家。内村はローエルの詩「ロイド、ガリソン」を纂訳詩集『愛吟』(警醒社書店、一八九七)に収めている。

〃 **ローエル**　Lowell, James Russell. 1819–91. アメリカの詩人。一時、社会改革運動に従事。

〃 **ジョージ　フォクス**　Fox, George. 1624–91. イギリスでフレンド協会(友会、クエーカー)を始める。「内なる光(inner light)」に従い教職制度を認めず非戦主義を主張。

〃 **ウィリヤム・ペン**　Penn, William. 1644–1718. イギリスに生まれるがアメリカに渡り、クエーカー信徒の自由な地を建設(ペンシルヴァニア)。

〃 **スチーベン・グレレット**　Grellet, Stephen. 1773–1855. フランス出身のクエーカー信徒。フランス革命時、アメリカに渡り、ウィリアム・ペンの著書の影響を受け、クエーカー派に入会。刑務所の改善に尽力。

〃 **ウィスター・モリス**　Morris, Wister. 1817–91. アメリカの実業家。フィラデルフィアに在住し、アメリカ滞在中の内村の生活を支援。

56 **トマス・ア・ケムピス**　Thomas a Kempis. 1379–1471. オランダの修道士。『キリストにならいて(*De imitatione Christi*)』の著者と称された。引用文はその英訳の一節。

〃 **モズレー** Mozley, James Bowling. 1813–78. イギリス国教会司祭。引用文は一九一五年のオックスフォード大学における演説の一節。

58 **ライプニッツ** Leibniz, Gottfried. 1646–1716. ドイツの哲学者。

〃 **デヤコ** カトリック教会の助祭(Deacon)のこと。

〃 **アルビゼンス教徒** アルビ派(Albigenses)。一二世紀ころ、異端とされて南フランスに展開したカタリ派のこと。善神と悪神との対立を説くマニ教の影響を受け十字軍派遣の対象となる。

〃 **セルビタス** Servetus, Michael. 1511?–53. スペイン出身の神学者、医師。三位一体論を批判し、カルヴァンに異端として火刑に付された。

59 **リューエリン・デビス** Davies, Llewellyn. 1826–1916. イギリス国教会の司祭、古典学者。プラトンの『共和国』の訳者。

64 **ロージャ・ウィリヤムス** Williams, Roger. 1603?–83. イギリス国教会の司祭に任ぜられたが、宗教の自由を求めて一六三〇年にボストンに去る。同地でネイティブ・アメリカンの伝道者となる。

〃 **クロセット** Crossett, Jonathan Fisher. 1844–89. アメリカの長老派の宣教師として中国で伝道。

〃 **ダミエン** Damien. 本名 Joseph de Veuster. 1840–89. ベルギーのカトリック宣教師として一八七三年からハワイのモロカイ島でハンセン病患者のために働き、みずからも感染した。

65 **ベサイダの岩頭** ガリラヤ湖の北東部。イエスの伝道地。

〃 **サン・マルコの高壇** イタリアのベネチアにある大教会堂。

66 ベスホーレンの凱歌　ベスホーレンは、ヨシュアの戦いにおいて敵に対しエホバが大石を坂でおとして加勢した地(旧約聖書ヨシュア記一〇章一一節)。

〃 ダムバーの砲声　ダムバーはスコットランドの港町。一六五〇年、クロムウェルの率いるイングランド軍がスコットランド軍を破った地。

第四章

68 **When I was yet a child,……**　ミルトンの詩「楽園回復」の一節。畔上賢造訳『復楽園』(改造社、一九三六)によると該当部分は次のとおり。

私がまだ子供であつたときに、子供らしき遊戯は少しも私をたのしませなかつた。何が世の益になるかと、真面目にまなび、知り、それからそれを実行しやうといふことに私の全身は集中されてゐた。

私はみづから思つた、さういふ目的のために私は生れたのだ——

69 **カーライルの所謂 peasant-saint(農聖人)**　カーライルは *Sator Resartus* の第三巻第四章において「この世で農聖人ほど尊いものはない」という。

〃 シュワルツ　Schwartz, Christian Friedrich. 1726–98. ドイツのルター派の宣教師だが教派を超えて宣教に貢献。

70 ピーボデー　Peabody, George. 1795–1869. アメリカに生まれたがイギリスに渡り、実業家として得た資産を多くの教育機関や社会施設のために用いた。

73 ザビエー　Xavier, Francisco. 1506–52. 日本にキリスト教を伝えたイエズス会の神父。

74 大廈　大きな建築物。

〃 義人は信仰に依りて生くべし　新約聖書ロマ書一章一七節。

〃 聖アウガスチン曰く「大人の遊戯これを事業と云う」『告白録』にある言葉。

78 「ヤコブの井戸の清水を飲むものはまた渇かん」　新約聖書ヨハネ伝四章にあり、ついで「我が与うる水を飲む者は、永遠に渇くことなし」とつづく。

〃 五千人を一時に養いし時……　新約聖書マタイ伝一四章二一節ほか。

〃 エマソン　Emerson, Waldo. 1803–82. アメリカの思想家。引用文は *Representative Men* にある。

79 ジョン・ハワード　Howard, John. 1726–90. イギリスの刑務所改革者。隔離病院の改革も志すが、みずからチフスに感染して死去。

〃 サラ・マーチン　Martin, Sarah. 1791–1843. イギリス人で、女性受刑者の刑務所内外の仕事に尽力。

〃 エリザベス・フライ　Fry, Elizabeth. 1780–1845. ヨーロッパの女性受刑者の処遇改善および困窮女性の救済に尽した。

〃 ウィルヤム・ウィルバフォース　Wilberforce, William. 1759–1833. イギリスの奴隷制度廃止運動家。一八三三年に奴隷解放法を成立させる。

〃 シャフツベリー　Shaftesbury, Anthony Ashley. 1801–85. イギリスの社会運動家。精神病院および労働環境の改善に尽くす。

80 「否な否な、然り然り」　新約聖書マタイ伝五章三七節の言葉。

〃 シーザア　Caesar, Gaius Iulius. 100-44 B. C. ローマの統一を果たした政治家。カイゼルともいわれる。

〃 シャーレマン　Charlemagne. 742-814. カール一世、カール大帝とも称せられる。ローマ教皇から は西ローマ皇帝として戴冠。

〃 尭舜の世　中国古代の伝説的な理想時代。

〃 アウガスタスの黄金時代　シーザーの後、ローマ帝国の初代皇帝に就いたオクタビアヌス(Octavianus, Gaius. 63 B. C.-14 A. D.)の治世。アウガスタス(Augustus)は尊称。

〃 ピートル大帝　初代ロシア皇帝 Pyotr I. 1672-1725. 北方戦争で勝利し大帝と称せられる。

〃 フレデリック大王　Friedrich II. 1712-86. プロイセン国王。

81 ギース家　Guise. フランス貴族で、ユグノー戦争においてユグノー教徒を弾圧。一六世紀のフランスで起こったこの戦争は、カトリックを奉じるギース家とプロテスタントを奉じるブルボン家という両貴族の争いともみなされた。

〃 ヒューゲノー党　Huguenot. ユグノーのこと。カルヴァン主義を奉じるフランスのプロテスタントとカトリックとの戦争(ユグノー戦争)において、一五七二年、プロテスタントに対し、いわゆる聖バルトロメイの虐殺を招いた。

〃 大公ヘンリー　Henri IV. 1553-1610. アンリ四世ともいう。プロテスタントとしてユグノー戦争に勝利し、一五八九年にフランス国王に就く。一五九三年にカトリックに改宗、一五九八年にナントの勅令を発するが一六一〇年に暗殺された。

82 **ナントの布令**　前項にあるようにアンリ四世がプロテスタントに対しカトリックと同等の権利を与えた布令。

〃 **リシュリヤ**　Richelieu, Armand Jean du Plessis. 1585–1642. フランスの首相。中央集権化をはかるとともに文芸を保護した。

〃 **マザリン**　Mazarin, Jules. 1602–61. イタリア出身。フランスに帰化し枢機卿になり、ルイ一四世時代に首相に就く。

83 **クロムウェル**　Cromwell, Oliver. 1599–1658. イギリスのピューリタン革命の指導者。一六四九年、チャールズ国王を処刑し共和政治をもたらした。

〃 **チャーレス第二世**　Charles II. 1630–85. チャールズ二世。クロムウェル死去後の一六五九年、イギリスの国王として復帰。

〃 **バトラル**　Butler, Samuel. 1612–80. イギリスにおいて王政復古後、ピューリタンに対する風刺詩を著した詩人。

〃 **ドライデン**　Dryden, John. 1631–1700. 時の権力を賛美した詩を著したイギリスの詩人。

〃 **クラレンドン**　Clarendon, Edward hyde. 1609–74. イギリスにおいて王政復古後、チャールズ二世を支持した政治家。

〃 **ハムプデン**　Hampden, John. 1594–1643. クロムウェルの従兄。ピューリタン革命でクロムウェルを支持したが戦死。

〃　ペーン　Pym, John. 1584-1643. ハムプデンと行動を共にしてチャールズ一世に対抗したが戦傷死。

〃　スチュアート家　一三七一年から一七一四年まで続いたスコットランド起源のイギリスの王朝。クロムウェルに処刑されたチャールズ一世も一員。

84　楠正成の……　福沢諭吉は『学問のすすめ』において、「忠臣義士」の討ち死にを、使いに出た権助が一両の金を失くしたことによる縊死程度と評した。

〃　蒲生君平　1768-1813. 幕末尊王論の先駆。

〃　高山彦九郎　1747-93. 太平記の影響を受けた勤王家だが幕府に追われ自殺。

〃　ボヘミヤのフッス　Hus, Jan. 1370?-1415. ウィクリフの改革思想の影響を受け、ローマ教皇の免罪符販売を批判して破門、焚刑となる。

第五章

88　人間万事金の世の中　一八七九年に歌舞伎座で上演された歌舞伎の演目。

〃　落ぶれて……　鹿児島の民謡「串木野さのさ」の一節。

91　カトー　Cato, Marcus Porcius. 95-46 B. C. ローマの政治家。曽祖父のカトーを大カトーと称するのに対し小カトーと称せられる。シーザーとの戦いに敗れて自殺。

〃　シセロ　Cicero, Marcus Tullius. 106-43 B. C. キケロのこと。ローマの哲学者、政治家。暗殺される。

〃 **Thomas Hood**　1799–1845. イギリスの詩人。引用句はその詩 The Bridge of Sighs の一部。

93 **ロバート・サウジー**　Southey, Robert. 1774–1843. イギリスの詩人。引用は *The Life of Horatio Lord Nelson* (1813) の一部。

94 **文天祥**　1236–83. 中国宋代の政治家。侵入した元軍に捕らえられ獄中で「正気歌」を作成。最後は処刑。

95 **藤田東湖**　1806–55. 水戸藩士。宋の文天祥にならい「正気歌」を書く。引用文「道義肝を貫き……」はその「回天詩集」巻下にある。内村鑑三にも、その影響を受けた「初夢」(全集一四)がある。

〃 **蘇軾**　1037–1101. 宋の詩人。蘇東坡。役人として冷遇され地方官として終わる。

〃 **カーライル謂えるあり……**　引用文はその『衣服哲学』三巻九章にある。

96 **"My mind to me a kingdom is"**　イギリスの詩人 Edward Dyer (1543–1607) の詩の一節。

98 **カント云えるあり、曰く「宇宙の法則を……」**　カントの『実践理性批判』(1788) の言葉。

〃 **エマソン曰く……**　ハーヴァード大学における一八三七年の演説。

100 **「人不惟以餅生」**　中国語訳新約聖書マタイ伝福音書四章四節およびルカ伝福音書四章四節の言葉。文語訳聖書では「人の生くるはパンのみに由るにあらず」。

〃 **ビクトル・ユーゴの語**　ユーゴー (Hugo, Victor-Marie. 1802–85) の『レ・ミゼラブル』の言葉。

第六章

105 ゲーテ曰く……　作品『タウリス島のイフィゲーニエ(*Iphigenie Tauris*, 1787)』の第一幕第二場の言葉。片山敏彦訳の岩波文庫本(一九五一)では、「無益な生活は、生きながら死んでいるのと同じです」となっている。

〃 如何なれば艱難に……　旧約聖書ヨブ記三章二〇―二三節の言葉。

106 シオンの戦　シオンは旧約聖書においてカミの都の築かれる山とされる。すなわちカミの都建設の戦い。

107 キナイン剤　kinine. マラリヤ熱の治療薬。

109 なんじは祭物を……　旧約聖書詩篇五一篇一六、一七節。

110 手にものもたで……　賛美歌作者として著名なイギリス国教会の司祭トップレディ(Toplady, Augustus Montague. 1740–78)の 'Rock of Ages, left of me.' の一節。日本では「ちとせのいわよ」と訳されて愛唱。

〃 我のこの世につかわされしは……　『愛吟』に「無名氏」の「或る詩」と題して収録(全集四)。

115 僧アンソニー　Antonius of Padova. 1195–1231. リスボン出身のフランシスコ会司祭。南フランス、イタリアで伝道。説教で有名。

116 第二のアダム　キリストのこと。新約聖書ロマ書五章参照。

117 老牧師ロビンソン　清教徒の牧師ロビンソン(Robinson, John. 1576–1625)。

〃 スウィーデンボルグ　一二六頁の注「新エルサレム派」参照。

118 ジョン・ウェスレー　一二五頁の注「メソヂスト派」参照。

解説

鈴木範久

名著

晩年の内村鑑三が、それまでに刊行した著書を積み上げ背くらべをしている写真がある。それらは書物だけでも七〇冊以上に達する。加えて終刊時に三五七号を数えた雑誌『聖書之研究』などもある。

しかし、数多くの内村の著書のなかでも代表的名著一冊を挙げるとするならば、やはり本書『キリスト信徒のなぐさめ』（原題『基督信徒の慰』警醒社書店、一八九三年二月二五日刊）になるのではないか。『余はいかにしてキリスト信徒となりしか（*How I Became a Christian*）』も『代表的日本人（*Japan and the Japanese* のち *Representative Men of Japan*）』もよく読まれている。ただし生前には英文による発表書にとどまった。『羅馬書の研究』

も大著であるが畔上賢造との共著といえる書物である。

その点、『キリスト信徒のなぐさめ』は、実質的に第一作であるとともに内村の生涯にわたる全著作のなかでは最も版を重ねた書物である。作家は第一作に常に回帰するとの言葉があるが、内村の思想と信仰の骨格はすでに本書に凝縮されているだろう。

内村は、同書の全六章にわたる内容につき「著者の自伝にあらず」というが、その半生を顧みるとき、描かれている思想と信仰が、リアルな実生活の裏打ちなくしては決して生れなかった迫力を感じる。アメリカ滞在中、恩師シーリーの示唆により魂の再生を経験した内村は、日本での活動のために勇んで帰国した。しかし、その日本で内村は「不敬事件」を経験する。それは当の日本の喪失(ハイマート・ロスト)、死であった。ひきつづき愛妻の死、自己の失業、極貧、重病、信仰共同体からの疎隔を立て続けに経験する。本書は、その最中からの自己の新生、再生を綴った告白書である。同時に、日本の再生の願いもこめられている。また、キリスト信徒にとどまらず「万人のなぐさめ」の書である。

簡単に全六章の背景をみよう。

題名

初版の原著の表紙には『基督信徒のなくさめ』と印刷されている。だが、巻頭では『基督信徒の慰』となっている。いずれが題名か迷うところだが、表紙はデザインとも聞いているので後者を正式の題名と受けとり、今回の版では「基督」を「キリスト」、「慰」を「なぐさめ」とした。

また「基督信徒」という呼称であるが、それに類する言い方は「基督教徒」である。内村にも「基督教徒」という言い方はあるが、「基督信徒」とくらべるとはるかに少ない。ここには基督教という組織の教徒でなく、キリストに直結する信徒であるという姿勢があるのではないか。さらに後に内村は「基督者」とも言うようになる。「基督者」という呼称は中国に始まるが、これを日本で最初に用いた一人であろう。

次に「慰《なぐさめ》」は、もともと日本語では悲しみや苦しみをやわらげる意味で用いられてきたと思う。日本の文語訳聖書でも「幸福《さいはひ》なるかな、悲《かな》しむ者《もの》。その人《ひと》は慰《なぐさ》められん」(マタイ伝五章四節)と訳されている。ただ原語には「励ます」意味もあって、英訳聖書

（AV）でも comfort の言葉が用いられている。文字通り「元気づける」、「力づける」要素をふくんでいる。そのためか『日本国語大辞典』（小学館、二〇〇二）では、従来の意味に加えて「キリスト教では、悲しみや苦しみにある者、弱い者を神が励ますことをいう」との語義を加えている。もしかすると、これは文語訳聖書や内村の本書の影響かもしれない。

そうなると本書は、「基督信徒」および「なぐさめ」という言葉につき、もともとの意味を変えるはたらきをも果たした書物といえる。

執筆の時と所

「不敬事件」後、内村はあまりの衝撃で一時は精神的衰弱状態におちいったが、新潟県高田、千葉県竹岡などでの転地静養をへて、事件の翌年秋には大阪の泰西学館に赴任するまでの気力を回復させるにいたる。同校には行商しながら学んでいる生徒もいて教育に生きがいも感じていた。そのなかでようやく内村は著述活動を始める。それが本書の「自序」の結びに記した「摂津中津川の辺に於て」に表れている。原稿は上京時に警醒社書店へ持ち込んだようである。

内村はアメリカ滞在中から、読書の際、目にとまった短文や名句などを切り抜いたり書き留めて控えを作成していた。その控えを見ると、末尾には一種の索引まで作成されている。これが、本書をはじめ『求安録』などの初期の著作に少なからず役立てられた。記されている内容は本文にゆずり、各章の背景だけを記そう。

第一章　愛する者の失せし時

内村は、アメリカ留学から帰国後、最初に赴任した新潟の北越学館で宣教師らと衝突。半年ほどで辞職して帰京。ついで赴任した第一高等中学校では、将来の日本を担う青少年たちの教育に大きな期待を抱いた。一八九〇(明治二三)年、教育勅語が発布。同校には天皇宸筆《しんぴつ》の署名入り教育勅語が授けられた。翌年早々に開催された同奉読式において、内村はその天皇の署名入り勅語に対する拝礼の不足を問われ、内外からの烈しい非難を浴びる。直後に流感を悪化させ自宅で療養していると、そこにも押しかける抗議者が相次いだ。

病床の内村に代わって訪問者を一手に引き受けて対応する役割は、結婚してまもない妻かずが担った。風邪の癒えた内村は、同校に自分の辞表が勝手に提出されていることを知る。そのうえ今度は妻かずも罹病、彼女はひと月余り病んだだけであえなく世を去ってしまった。

第一章でいう「愛する者」は、この若き妻にほかならない。

内村はその後再婚するが、この年若き妻の死の悲しみを一生忘れることはなかった。没後約三〇年になっても墓参をすると「第一高等学校不敬事件の犠牲となりて死せし彼女の墓を見舞ふたび毎に熱き涙を禁じ得ない」という。そして、「主の聖国に於いて再び彼女と相会う」と言い切っている(『内村鑑三全集』三三、岩波書店、二〇〇一年)。こうして本書は、その亡き妻に捧げられた書物となる。

第二章　国人に捨てられし時

「不敬事件」により内村のおちいった状況につき、「国人に捨てられ」とは大げさな表現とみられるかもしれない。しかし、事件後に「国賊」、「不敬漢」として内村個人に浴びせられた非難は、判明している紙誌だけでも百件を超える数に達する(鈴木範久『内村鑑三日録　一高不敬事件』上下、教文館、一九九三)。さらに、このあと井上哲次郎によるろう。「教育宗教衝突事件」により再燃した非難も含めれば、総数は、その数倍にもなるであろう。

この結果、内村が本書でいう日本に「枕する場所」がなきに至ったとの表現は決して過剰ではなかった。内村鑑三の名で宿を取ろうとすると、ロシア皇太子傷害事件の犯人津田三蔵と間違えられ謝絶されたともいう。

人にも友にも去られた内村が繰り返し繰り返し読んだ聖書はヨブ記であり、なかでもヨブが「山犬の兄弟」、「駝鳥の友」でしかなかったと記された部分である(『内村鑑三全集』三六、一八九一年八月九日付ベルあて書翰)。

第三章　キリスト教会に捨てられし時

内村は、アマスト大学卒業後、ハートフォード神学校に入学した。しかし体調不良や同校の神学教育に対する疑問もあって、わずか五カ月ほどで退学、帰国した。日本の神学校も出ていない。このことは教会の教師となる資格の欠如を意味する。

「不敬事件」後、友人の横井時雄の協力もあって、しばらく日本組合教会派の教会で伝道の協力をした時期もあったが、結局、専任の教師には就けなかった。そのうえ、日本のキリスト教界では、外国人宣教師からは新潟の学校における衝突を起こした人物、さらに日本人教師からは「不敬事件」によりキリスト教評価の低下を招いた人物として冷眼視された。キリスト教界からみるならば、せっかく文明化、西洋化の波に乗って上げ潮であった教勢に、内村は水をさした人物と映じたのである。それでなくても国家主義的風潮の高まりつつあった時代である。内村を雇うキリスト教会はなかった。明確に捨てられたとはいえないまでも見捨てられたことだけは確かである。

しかし、そのような状況のなかで、はじめて「無教会」という言葉が用いられる。結局、これが内村のキリスト教の内容を決定する言葉となる。

第四章　事業に失敗せし時

内村が札幌農学校を卒業後に就いた職といえば官僚であった。開拓使、農商務省の水産課の職員であった。当初は日本の水産業を担う職業に大きな使命と生きがいを感じ、積極的にそのための自然保護にもあたったが、次第に官界の腐敗体質に堪えられなくなり辞職、アメリカに渡る。アメリカから帰国後に内村が従った事業は教育しかない。新潟では失敗したが、第一高等中学校では、将来の日本を背負う少年たちの教育に、おおいに期待を抱き、生きがいも感じていた。それが、天皇直筆の教育勅語に対し信仰と良心に従った行動の結果、手痛い「大失敗」を喫したのである。

第五章　貧に迫りし時

内村のアメリカ留学は乏しい私費によるものだった。最初からまず生活のために福祉施設で働き、アマスト大学時代には、窮乏を親切な学長、教師らによって支えられた日々であった。教師のF博士に金銭の援助を依頼するときの心の葛藤は『余はいかにしてキリスト信徒となりしか』(原英文、日本語訳は岩波文庫に収録)にくわしい。

帰国後の最大の貧困は、やはり「不敬事件」後に襲った。のちに本書を出版することになる書店主の話では、当時、内村は同じ着衣を、いつ見ても着たままだった。見かねた店主の妻は、内村の住まいを訪れると、まず「垢だらけのシャツ」の洗濯にとりかかる。乾いたら内村は嬉しそうに手を通してお礼を言った。

やがて京都で岡田しづと再婚するが、新妻がはじめて内村の住まいに入ると、家財は皆無、押し入れはすべてからっぽで、本だけが棚もないまま雑然と積み重ねられていて驚いたという。

札幌農学校時代の友人大島正健は、ともに食事をしたとき、内村が汁の最後の一滴までうまそうにすする姿を忘れがたく記憶にとどめている。

当時、京都で貸本屋を営んでいた便利堂からも、内村としては珍しく金銭を借りていて、そのメモも残されている。のちに自身も何度も回顧するが、その京都時代はおぞましい極貧生活の代名詞であった。

第六章　不治の病に罹りし時

本書のなかで「不治の病」が内村にはもっとも無縁のように思われる。しかし、それに近い病気には、それまでに三度襲われている。

その最初は東京英語学校時代の胸部疾患による休学である。これによる遅れで内村は新渡戸（当時太田）稲造らと同級になった。

二度目は北越学館を辞した翌一八九〇（明治二三）年の春、伝染病の腸チフスにかかり七〇日間の入院生活を強いられた。このときの腸チフスにより、国内で少なからぬ死者も出ている。折しも、アメリカの実業家モリス夫妻が来日。モリスといえば、内村にとってはアメリカ滞在中も帰国時の旅費の面でも、恩人にひとしい人物である。そのモリス夫妻から病院に見舞いを受けるほどの重い病状だった。

次は「不敬事件」直後の流感である。風邪とはいえ重篤な状態におちいった。それは、世間の大騒ぎにもかかわらず、本人がまったく人事不省に近い状況を続けていたことでもわかる。この間、本人の知らぬ間に学校へ辞表も提出されていた。今日残されている辞表を見ると、その署名は明らかに内村本人の文字ではない。さらに、その直後に、看病にあたっていた妻かずが同じ病気で世を去った。その流感の猛威の犠牲である。

書評

本書の最初の書評は、本文庫に収められている「回顧三十年」に記されているように『護教』の記者山路愛山による。山路は「吾人は著者の書に於て殆んど吾を忘れたり」と絶賛している(『護教』八八、一八九三年三月一一日)。

内村は「回顧三十年」では「その他にキリスト教界の名士又は文士にしてこれを歓迎して呉れた者はなかった」と記しているが必ずしもそうではなかった。巌本善治の『女学雑誌』三四〇号(三月一一日)には本書を読んだ「感激」が記されているし、『六合雑誌』一四七号(三月一五日)は、世に翻訳ものや編纂ものの多い中にあって、本書こそ「内村鑑三氏の実子、その肉の肉、骨の骨」であるとし、著者が「自伝にあらず」とする断りを否定している。創刊したばかりの雑誌『三籟』(三月三〇日)も「心の渇せし人も、心の飢えし人も来れ、内村氏のなぐさめに来れ」と歓迎している。北村透谷は、本書を読み、内村の心性の一端を次のように述べている。

彼が「信者のなぐさめ」と題する新著を一読するに、いかにも天真の愛すべきものあり。朝貌は朝に咲きて、夕に萎《しぼ》むものなり、吾等の生涯甚だ之に類するものあり、朝貌は何物にか寄り添はでは育成しがたきものなり。吾等の生涯甚だ之に似たるものあり。剛を装ひ、健を飾るとも、心性中に於て何となく弱きところあるは人生の真相なり、彼は自《みづか》らを知り、又た人生を知る、知識には限(り)《補》あり、而して彼は限りある知識を以て、限りなき人生の一端を斯の如く質朴に白状す(『聖書之友雑誌』六四、一八九三年四月一五日)。

透谷の人生観と重ね合わせたような所感である。

内村は、この後『求安録』、英文『余はいかにしてキリスト信徒となりしか』、同『日本及び日本人(代表的日本人)』など、今日にまで永く残る代表作を立て続けに世に出すにいたる。これらは、いずれも本書と補完しあう書物である。

本文庫の依拠した版本

初版は一八九三(明治二六)年二月二五日、東京の警醒社書店(以下版元はすべて同じ)から「自序」二ページ、目次一ページ、本文一三六ページ、奥付一ページ、広告九ページで発行された。題名については解説冒頭ですでに述べた。

再版は早くも同年八月一四日、「第二版に附する自序」に加え、前年に出された小冊子『未来観念の現世に於ける事業に及ぼす勢力』を「付録」に加えている。さらに書評を、直後に刊行した『コロムブス功績』のものも含めて収録。

三版は一八九六年一二月一日、内容は初版に戻り、わずかに見返しに George McDonald の短文を掲げた。

四版(一九〇〇年)～九版(一九〇八年)は三版とほぼ同じ。

増訂一〇版は一九一〇年七月二八日刊。「内村加寿子への献辞」、「改版に附する序」が加えられている。

増訂一一版(一九一二年)〜一七版(一九一九年)は増訂一〇版とほぼ同じ。

『内村全集　第壱巻』は一九一九年五月一五日刊。「基督信徒の慰」に加え「求安録」、「宗教座談」、「伝道之精神」も収めて警醒社書店から刊行。「基督信徒の慰」は本文に手入れをほどこし「自序」、「改版に附する序」も収められている。本書は二版(一九一九年)から『慰安と平安』(改題、一九二三年)まで加えると四回刊行(一八〜二一版にあたるか)。

本文庫本のもとになった発行満三十年紀念版は一九二三(大正一二)年二月二五日刊行。自身の執筆時および現在の二葉の写真、「回顧三十年」の一文と、「自序」、「改版に附する序」とをともに収めて刊行。革装の一〇〇部限定出版。定価五円。表題には限定版のため通し番号が付されている。奥付は「二十二版」となっている。ただし、申し込み者多数により、さらに「番外」として七〇部増刷された。ところが要望が尽きないため、「番外」も三〇部増刷(定価五円一五銭)された。「番外」の計一〇〇部にも「番外〇番」と通し番号が付されている。内村としては高価な記念版となったが、売り上げを「聖書大講堂」建築の資金とする計画も含まれていた。

改版　一九二四(大正一三)年二月二五日、関東大震災による紙型焼失のため改版、「内村加寿子への献辞」、「自序」、「改版に附する序」とともに刊行。

改版　一九二九(昭和四)年一〇月一日、内容は同上。警醒社より刊行。

本岩波文庫への収録にあたっては文庫本としての改訂を施す関係上、すでに句読点や字体の改訂がなされ、「回顧三十年」、「改版に附する序」などの収められている「発行満三十年紀念版」によった。それに「内村加寿子への献辞」「第二版に附する序」を加え、一定のルールにしたがって現代表記に改めた。初版の文章は『内村鑑三全集』二(岩波書店、一九八〇年初版、二〇〇一年第二版)に「基督信徒の慰」の題で収録されているので、そちらを参照されたい。

最後になったが、文庫用のリライトをはじめ多くの御世話になった編集部の吉川哲士氏の協力に対し、深く感謝申し上げます。

キリスト信徒《しんと》のなぐさめ

1939 年 9 月 15 日　第 1 刷発行
1976 年 12 月 16 日　第 30 刷改版発行
2021 年 10 月 15 日　新版第 1 刷発行

著　者　内村鑑三《うちむらかんぞう》

発行者　坂本政謙

発行所　株式会社 岩波書店
〒101-8002 東京都千代田区一ツ橋 2-5-5
案内 03-5210-4000　営業部 03-5210-4111
文庫編集部 03-5210-4051
https://www.iwanami.co.jp/

印刷・三陽社　カバー・精興社　製本・中永製本

ISBN 978-4-00-381513-7　Printed in Japan

読書子に寄す

――岩波文庫発刊に際して――

岩波茂雄

真理は万人によって求められることを自ら欲し、芸術は万人によって愛されることを自ら望む。かつては民を愚昧ならしめるために学芸が最も狭き堂宇に閉鎖されたことがあった。今や知識と美とを特権階級の独占より奪い返すことはつねに進取的なる民衆の切実なる要求である。岩波文庫はこの要求に応じそれに励まされて生まれた。それは生命ある不朽の書を少数者の書斎と研究室とより解放して街頭にくまなく立たしめ民衆に伍せしめるであろう。近時大量生産予約出版の流行を見る。その広告宣伝の狂態はしばらくおくも、後代にのこすと誇称する全集がその編集に万全の用意をなしたるか。千古の典籍の翻訳企図に敬虔の態度を欠かざりしか。さらに分売を許さず読者を繋縛して数十冊を強うるがごとき、はたしてその揚言する学芸解放のゆえんなりや。吾人は天下の名士の声に和してこれを推挙するに躊躇するものである。このときにあたって、岩波書店は自己の責務のいよいよ重大なるを思い、従来の方針の徹底を期するため、すでに十数年以前より志して来た計画を慎重審議この際断然実行することにした。吾人は範をかのレクラム文庫にとり、古今東西にわたって文芸・哲学・社会科学・自然科学等種類のいかんを問わず、いやしくも万人の必読すべき真に古典的価値ある書をきわめて簡易なる形式において逐次刊行し、あらゆる人間に須要なる生活向上の資料、生活批判の原理を提供せんと欲する。この文庫は予約出版の方法を排したるがゆえに、読者は自己の欲する時に自己の欲する書物を各個に自由に選択することができる。携帯に便にして価格の低きを最主とするがゆえに、外観を顧みざるも内容に至っては厳選最も力を尽くし、従来の岩波出版物の特色をますます発揮せしめようとする。この計画たるや世間の一時の投機的なるものと異なり、永遠の事業として吾人は微力を傾倒し、あらゆる犠牲を忍んで今後永久に継続発展せしめ、もって文庫の使命を遺憾なく果たさしめることを期する。芸術を愛し知識を求むる士の自ら進んでこの挙に参加し、希望と忠言とを寄せられることは吾人の熱望するところである。その性質上経済的には最も困難多きこの事業にあえて当たらんとする吾人の志を諒として、その達成のため世の読書子とのうるわしき共同を期待する。

昭和二年七月

《日本文学(古典)》〔黄〕

古事記　倉野憲司校注
日本書紀　全五冊　坂本太郎・家永三郎・井上光貞・大野晋校注
万葉集　全五冊　佐竹昭広・山田英雄・工藤力男・大谷雅夫・山崎福之校注
原文万葉集　全二冊　佐竹昭広・山田英雄・工藤力男・大谷雅夫・山崎福之校注
竹取物語　阪倉篤義校訂
伊勢物語　大津有一校注
玉造小町子壮衰書 ―小野小町物語　杤尾武校注
古今和歌集　佐伯梅友校注
土左日記　紀貫之　鈴木知太郎校注
蜻蛉日記　今西祐一郎校注
紫式部日記　池田亀鑑・秋山虔校注
源氏物語　全九冊(既刊八冊)　柳井滋・室伏信助・大朝雄二・鈴木日出男・藤井貞和・今西祐一郎校注
枕草子　池田亀鑑校訂
更級日記　西下経一校注
今昔物語集　全四冊　池上洵一編
三条西家本栄花物語　全三冊　三条西公正校訂

堤中納言物語　大槻修校注
西行全歌集　久保田淳・吉野朋美校注
梅沢本古本説話集　川口久雄校訂
後拾遺和歌集　久保田淳・平田喜信校注
詞花和歌集　工藤重矩校注
古語拾遺　斎部広成撰　西宮一民校注
王朝漢詩選　小島憲之編
落窪物語　藤井貞和校注
新訂方丈記　市古貞次校注
新訂新古今和歌集　佐佐木信綱校訂
新訂徒然草　西尾実・安良岡康作校注
平家物語　全四冊　梶原正昭・山下宏明校注
神皇正統記　北畠親房　岩佐正校注
義経記　島津久基校訂
御伽草子　全二冊　市古貞次校注
王朝秀歌選　樋口芳麻呂校注
定家八代抄 ―続王朝秀歌選　全二冊　樋口芳麻呂・後藤重郎校注

中世なぞなぞ集　鈴木棠三編
謡曲選集 読む能の本　野上豊一郎編
東関紀行・海道記　玉井幸助校訂
おもろさうし　外間守善校注
太平記　全六冊　兵藤裕己校注
好色五人女　井原西鶴　東明雅校註
武道伝来記　井原西鶴　横山重・前田金五郎校注
西鶴文反古　井原西鶴　片岡良一校訂
芭蕉紀行文集 付嵯峨日記　中村俊定校注
芭蕉おくのほそ道 付曾良旅日記・奥細道菅菰抄　萩原恭男校注
芭蕉俳句集　中村俊定校注
芭蕉連句集　中村俊定・萩原恭男校注
芭蕉書簡集　萩原恭男校注
芭蕉文集　潁原退蔵編註
芭蕉俳文集　全二冊　堀切実編注
芭蕉自筆奥の細道　上野洋三・櫻井武次郎校注
蕪村俳句集 付春風馬堤曲 他二篇　尾形仂校注

蕪村七部集　伊藤松宇校訂
蕪村文集　藤田真一編注
国性爺合戦・鑓の権三重帷子　近松門左衛門／和田万吉校訂
折たく柴の記　新井白石／松村明校注
東海道四谷怪談　鶴屋南北／河竹繁俊校訂
鶉衣　全二冊　横井也有／堀切実校注
近世畸人伝　伴蒿蹊／森銑三校註
うひ山ふみ・鈴屋答問録　本居宣長／村岡典嗣校訂
排蘆小船・石上私淑言 ―宣長「物のあはれ」歌論　本居宣長／子安宣邦校注
雨月物語　上田秋成／長島弘明校注
宇下人言・修行録　松平定信／松平定光校訂
訳註 良寛詩集　大島花束／原田勘平訳註
新訂 一茶俳句集　丸山一彦校注
一茶 父の終焉日記・おらが春 他一篇　矢羽勝幸校注
増補 俳諧歳時記栞草　全二冊　曲亭馬琴編／藍亭青藍補／堀切実校注
近世物之本江戸作者部類　曲亭馬琴／徳田武校注
北越雪譜　鈴木牧之編撰／京山人百樹刪定／岡田武松校訂

東海道中膝栗毛　全二冊　十返舎一九／麻生磯次校注
浮世床　式亭三馬／和田万吉校訂
梅暦　全二冊　為永春水／古川久校訂
日本民謡集　町田嘉章／浅野建二編
誹諧 武玉川　全四冊　山澤英雄校訂
芭蕉臨終記 花屋日記 付 芭蕉翁終焉記・前後日記・行状記　小宮豊隆校訂
醒睡笑　全二冊　安楽庵策伝／鈴木棠三校注
与話情浮名横櫛 切られ与三　瀬川如皐／河竹繁俊校訂
江戸怪談集　全三冊　高田衛編・校注
柳多留名句選　山澤英雄選／粕谷宏紀校注
橘曙覧全歌集　水島直文／橋本政宣編注
万治絵入本 伊曾保物語　武藤禎夫校注
鬼貫句選・独ごと　復本一郎校注
井月句集　復本一郎編
花見車・元禄百人一句　雲英末雄／佐藤勝明校注
江戸漢詩選　全二冊　揖斐高編訳

《日本思想》〔青〕

風姿花伝 (花伝書)　世阿弥／野上豊一郎／西尾実校訂
五輪書　宮本武蔵／渡辺一郎校注
政談　荻生徂徠／辻達也校注
葉隠　全三冊　山本常朝／和辻哲郎／古川哲史校訂
養生訓・和俗童子訓　貝原益軒／石川謙校訂
貝原益軒 大和俗訓　石川謙校訂
町人嚢・百姓嚢・長崎夜話草　西川如見／飯島忠夫／西川忠幸校訂
日本水土考・水土解弁・増補華夷通商考　西川如見／飯島忠夫／西川忠幸校訂
蘭学事始　杉田玄白／緒方富雄校註
吉田松陰書簡集　広瀬豊編
島津斉彬言行録　牧野伸顕序
塵劫記　吉田光由／大矢真一校注
兵法家伝書 付 新陰流兵法目録事　柳生宗矩／渡辺一郎校注
南方録　西山松之助校注
長崎版 どちりな きりしたん　海老沢有道校註
仙境異聞・勝五郎再生記聞　平田篤胤／子安宣邦校注

茶湯一会集・閑夜茶話　井伊直弼／戸田勝久校注
新訂 海舟座談　巌本善治編／勝部真長校注
西郷南洲遺訓 附 手抄言志録及遺文　山田済斎編
文明論之概略　福沢諭吉／松沢弘陽校注
新訂 福翁自伝　富田正文校訂
学問のすゝめ　福沢諭吉
福沢諭吉家族論集　中村敏子編
日本道徳論　西村茂樹／吉田熊次校
新島襄の手紙　同志社編
新島襄 教育宗教論集　同志社編
新島襄自伝 —手記・紀行文・日記　同志社編
近時政論考　陸羯南
日本の下層社会　横山源之助
中江兆民 三酔人経綸問答　桑原武夫・島田虔次訳・校注
中江兆民評論集　松永昌三編
憲法義解　伊藤博文／宮沢俊義校註
日本開化小史　田口卯吉／嘉治隆一校訂

新訂 蹇蹇録 —日清戦争外交秘録　陸奥宗光／中塚明校注
茶の本　岡倉覚三／村岡博訳
新撰讃美歌　植村正久・奥野昌綱・松山高吉編
武士道　新渡戸稲造／矢内原忠雄訳
余はいかにしてキリスト信徒となりしか　内村鑑三／鈴木範久訳
代表的日本人　内村鑑三／鈴木範久訳
後世への最大遺物・デンマルク国の話　内村鑑三
宗教座談　内村鑑三
ヨブ記講演　内村鑑三
足利尊氏　山路愛山
徳川家康 全二冊　山路愛山
豊臣秀吉 全二冊　山路愛山
妾の半生涯　福田英子
善の研究　西田幾多郎
思索と体験　西田幾多郎
続思索と体験・『続思索と体験』以後　西田幾多郎
西田幾多郎哲学論集 I —場所・私と汝 他六篇　上田閑照編

西田幾多郎哲学論集 II —論理と生命 他四篇　上田閑照編
西田幾多郎哲学論集 III —自覚について 他四篇　上田閑照編
西田幾多郎随筆集　上田閑照編
西田幾多郎歌集　上田薫編
西田幾多郎講演集　田中裕編
西田幾多郎書簡集　藤田正勝編
帝国主義　幸徳秋水／山泉進校注
麺麭の略取　クロポトキン／幸徳秋水訳
基督抹殺論　幸徳秋水
日本の労働運動　片山潜
吉野作造評論集　岡義武編
貧乏物語　河上肇／大内兵衛解題
河上肇評論集　杉原四郎編
西欧紀行 祖国を顧みて　河上肇
中国文明論集　宮崎市定／礪波護編
中国史 全二冊　宮崎市定
大杉栄評論集　飛鳥井雅道編

女工哀史　細井和喜蔵
奴隷　—小説・女工哀史1　細井和喜蔵
工場　—小説・女工哀史2　細井和喜蔵
初版 日本資本主義発達史 全二冊　野呂栄太郎
寒村自伝 全二冊　荒畑寒村
谷中村滅亡史　荒畑寒村
遠野物語・山の人生　柳田国男
青年と学問　柳田国男
木綿以前の事　柳田国男
こども風土記・母の手毬歌　柳田国男
不幸なる芸術・笑の本願　柳田国男
海上の道　柳田国男
婚姻の話　柳田国男
都市と農村　柳田国男
十二支考 全二冊　南方熊楠
特命全権大使 米欧回覧実記 全五冊　久米邦武編 田中彰校注
明治維新史研究　羽仁五郎

古寺巡礼　和辻哲郎
風土　—人間学的考察　和辻哲郎
イタリア古寺巡礼　和辻哲郎
和辻哲郎随筆集　坂部恵編
倫理学 全四冊　和辻哲郎
人間の学としての倫理学　和辻哲郎
日本倫理思想史 全四冊　和辻哲郎
時と永遠 他八篇　波多野精一
宗教哲学序論・宗教哲学　波多野精一
「いき」の構造 他二篇　九鬼周造
九鬼周造随筆集　菅野昭正編
偶然性の問題　九鬼周造
時間論 他二篇　九鬼周造 小浜善信編
復讐と法律　穂積陳重
パスカルにおける人間の研究　三木清
古代国語の音韻に就いて 他二篇　橋本進吉
漱石詩注　吉川幸次郎

吉田松陰　徳富蘇峰
林達夫評論集　中川久定編
新版 きけわだつみのこえ　—日本戦没学生の手記　日本戦没学生記念会編
新版第二集 きけわだつみのこえ　—日本戦没学生の手記　日本戦没学生記念会編
君たちはどう生きるか　吉野源三郎
地震・憲兵・火事・巡査　山崎今朝弥 森長英三郎編
懐旧九十年　石黒忠悳
武家の女性　山川菊栄
覚書 幕末の水戸藩　山川菊栄
おんな二代の記　山川菊栄
忘れられた日本人　宮本常一
家郷の訓　宮本常一
大阪と堺　三浦周行 朝尾直弘編
新編 歴史と人物　三浦周行 林屋辰三郎 朝尾直弘編
国家と宗教　—ヨーロッパ精神史の研究　南原繁
石橋湛山評論集　松尾尊兊編
湛山回想　石橋湛山

岩波文庫の最新刊

柳井 滋・室伏信助・大朝雄二・鈴木日出男・藤井貞和・今西祐一郎校注

源氏物語(九)

蜻蛉―夢浮橋/索引

浮舟入水かとの報せに悲しむ薫と匂宮。だが浮舟は横川僧都の一行に救われていた――。全五十四帖完結、年立や作中和歌一覧、人物索引も収録。(全九冊)

〔黄一五―一八〕 **定価一五一八円**

カッシーラー著/熊野純彦訳

国家と神話(下)

国家と神話との結びつきを論じたカッシーラーの遺著。後半では、ヘーゲルの国家理論や技術に基づく国家の神話化を批判しつつ、理性への信頼を訴える。(全二冊)

〔青六七三―七〕 **定価一二四三円**

大塚久雄著/齋藤英里編

資本主義と市民社会 他十四篇

西欧における資本主義の発生過程とその精神的基盤の解明をめざした経済史家・大塚久雄。戦後日本の社会科学に大きな影響を与えた論考をテーマ別に精選。

〔白一五二―一〕 **定価一一七七円**

恩田侑布子編

久保田万太郎俳句集

万太郎の俳句は、詠嘆の美しさ、表現の自在さ、繊細さにおいて、近代俳句の白眉。全句から珠玉の九百二句を精選。「季語索引」を付す。

〔緑六五―四〕 **定価八一四円**

……今月の重版再開……

今野一雄訳

ラ・フォンテーヌ **寓話**(上)

〔赤五一四―一〕 **定価一〇一二円**

今野一雄訳

ラ・フォンテーヌ **寓話**(下)

〔赤五一四―二〕 **定価一一二二円**

定価は消費税 10% 込です　2021. 9

岩波文庫の最新刊

内村鑑三著
キリスト信徒のなぐさめ

内村鑑三が、逆境からの自己の再生を綴った告白の書。発行三十年を記念した特別版(一九二三年)に基づく決定版。(注・解説＝鈴木範久)
〔青一一九-二〕 定価六三八円

梶山雄一・丹治昭義・津田真一・田村智淳・桂紹隆 訳注
梵文和訳 華厳経入法界品(下)

大乗経典の精華。善財童子が良き師達を訪ね、悟りを求めて、遍歴する雄大な物語。梵語原典から初めての翻訳、下巻は第三十九章―第五十三章を収録。(全三冊完結)
〔青三四五-三〕 定価一一一一円

豊川斎赫編
丹下健三都市論集

東京計画1960、大阪万博会場計画など、未来都市を可視化させ、その実現構想を論じた丹下健三の都市論を精選する。
〔青五八五-二〕 定価九二四円

森崎和江著
まっくら
―女坑夫からの聞き書き―

筑豊の地の底から石炭を運び出す女性たち。過酷な労働に誇りをもって従事する逞しい姿を記録した一九六一年のデビュー作。(解説＝水溜真由美)
〔緑二二六-一〕 定価八一四円

紅野謙介編
黒島伝治作品集

黒島伝治(一八九八-一九四三)は、貧しい者の哀しさ、戦争の惨さを、短篇小説、随筆にまとめた。戦争、民衆を描いた作品十八篇を精選。
〔緑八〇-二〕 定価八九一円

……今月の重版再開……

ソポクレス
高津春繁訳
コロノスのオイディプス
定価四六二円
〔赤一〇五-三〕

オクターヴ・オブリ編／大塚幸男訳
ナポレオン言行録
定価九二四円
〔青四三五-一〕